# 20代で身につけるべき「本当の教養」を教えよう。

千田琢哉
Takuya Senda

Gakken

# 「知りません」が3度続くと、そのご縁は流れる。

知らないことを正直に「知りません」と言うのは、一般に正しいことだ。
反論の余地はない。
知らないくせに知ったかぶりをしたら、あなたは軽蔑（けいべつ）される。
だが、たとえ正直者でも、「知りません」が3度続くと、
相手とのご縁は流れるのもまた事実である。
それは20代の若者であっても同じだ。

こういうことをちゃんと教えてくれる人はとても少ないが、
将来成功する人は、20代の頃からすでにこうした問題をクリアできている。
**将来成功する20代は、「知りません」が少ないのだ。**
だから成功者たちは「若いのに、やるじゃないか！」と感心し、

食事に誘ってくれて、かわいがってくれるのだ。

たとえば私の場合、大学時代に1万冊以上の本を読んでおいたおかげで、社会人になってから出逢ったどんなエグゼクティブたちの話題にも喰らいついていくことができた。

最初からそれを狙っていたわけではない。

私はただ、エグゼクティブたちの本棚に並んでいる本の大半を読み終わり、その内容を知っていただけだ。

まだ大学を卒業したての私が安岡正篤(やすおかまさひろ)や中村天風(なかむらてんぷう)の裏話に触れると、たいていのエグゼクティブたちは興奮して、つい話が長引き、そのままランチやディナーに誘ってくれたものだ。

また、社長たちは戦争や歴史の話が好きな人も多く、それらの本を貪(むさぼ)るように読んでいた私は、ここでも彼らの心をつかんだ。

**どんな質問をしたら相手が答えやすく、そして相手が引き立つのか。**

**つまり、どうすれば相手が私のことを好きになってくれるのか、手に取るようにわかったのだ。**

これに対して、将来成功できない20代は、
目上の人との会話の中で「知りません」を連発する。

**ここだけの話、「知りません」が3度続くと、その出逢いはゲームオーバーだ。**

冴(さ)えない20代は、目上の人が話題を振ってくれているという、
その事実の重大な意味がわかっていない。
目上の人が話題を振ってくるのは、自慢したいわけでもなく、暇だからでもない。
わざわざ格下の相手に自慢しても無意味だし、貴重な時間を無駄にするだけだ。
目上の人が話題を振ってくるのは、
あなたの教養を抜き打ちテストするためだ。
抜き打ちテストに合格した者だけがチャンスを与えられ、次のステージに進める。

**20代だからこそ、「知りません」を少なくしておくことが大切なのだ。**
**20代だからこそ、「知りません」を少なくしておくと、チャンスをつかめるのだ。**

教養は若い頃に身につければ身につけるほど、将来のリターンが大きい。
ハッキリ言って、緻密な計算に基づいて金融商品に投資するよりも、
教養に時間とお金を投資したほうが儲かるくらいだ。
今の私があるのはひたすら大学時代に読んだ本のおかげだし、
それらの知識を礎（いしずえ）として、社会に出てから実戦で演繹（えんえき）と帰納（きのう）をひたすら反復し、
わずかな「教養」を習得したためだ。

もちろん教養に終わりなどないし、満点も存在しない。
それは私にとっても、あなたにとっても同じことだ。
だからこそ、教養を身につけるのはこの上なく楽しい。

２０１６年11月吉日　南青山の書斎から　千田琢哉

20代で身につけるべき
「本当の教養」を教えよう。

# CONTENTS

100 SECRETS
OF EDUCATED PEOPLE

CHAPTER

# 1

# 教養のレベルは20代で決まる

CONTENTS

CHAPTER 2

# 仕事と教養

CHAPTER 3

# コミュニケーションと教養

CHAPTER 4

# 学問と教養

CHAPTER

# 5

# 偏差値と教養

# CHAPTER 6 地位と教養

CHAPTER

# 7

# 顔と教養

CHAPTER 8

# お金と教養

CHAPTER

# 9

# 恋愛と教養

# CHAPTER 10 人生と教養

カバーデザイン／井上新八
本文デザイン・DTP／ISSHIKI

# CHAPTER 1

# 教養のレベルは20代で決まる

# 01

## 「わかりません。教えてください」のあとが、勝負。

これまで様々なビジネス書で、
「わからないことはわからないと正直に相手に伝えなさい」と繰り返し教わった。
そして20代のうちは頭を下げて「教えてください」と聞けばいいとも教わった。
ところが「わかりません。教えてください」だけでは、
そのうち先輩や上司からは愛想を尽かされる。
それはあなたも先輩や上司になれば、いずれ必ずわかることだ。
「わかりません。教えてください」とあなたがわずか1秒ささやくだけで、
先輩や上司は忙しい中、長時間かけてあなたに説明しなければならないハメになる。
次第に面倒臭くなってイライラしてくるのは、人として当たり前のことなのだ。
本当は「わかりません。教えてください」のあとこそが勝負なのだ。
「わかりません。教えてください」と先輩や上司に丸投げしたあとに、

**先輩や上司の説明を受けながら、どれだけ気持ちの良い相槌が打てるのか、話を膨らませることができるのかが本当の勝負なのだ。**

相手にとって気持ちの良い相槌を打ったり、話を膨らませたりすることが、ものを教わる側に課せられた役割なのだ。

どれだけ話をちゃんと聞いていても、相槌を打つのが下手なら、それは話を聞いたことにはならないのだ。

**自分がどれだけ理解しているつもりでも、理解している事実が教えてくれている相手に伝わらなければ、それは「理解している」とは言えない。**

相槌の打ち方や話の膨らませ方は、付け焼刃のテクニックでは成立しない。相槌の打ち方は、相手の話の流れを理解する読解力が求められるし、話の膨らませ方はあなたの教養が試されるのだ。

ポイント
**上手に相槌を打って相手に「理解している」ことを伝える**

# 02

# 「聞き役に徹すればいい」という言葉に、甘えない。

「20代のうちは聞き役に徹すればいい」という言葉に、救われた経験がある人もいるだろう。

ところが、本当に聞き役に徹していては、すぐに「ダメ社員」の烙印(らくいん)を押されてしまう。

それも、そのはずだ。

**本物のビジネスでは単に〝聞いていればいい〟だけで許されるはずがなく、「提案」をストレートに求められるからだ。**

価値を生まない人間は、20代だからといって容赦(ようしゃ)されることはない。

相手はお金を払っている顧客として、ダイレクトに結果を要求してくるだろう。

一流企業の一流のビジネスほど、それは顕著(けんちょ)だ。

よくホテルや金融機関で「研修中」という名札をつけた社員を見ることがある。

これほど、お客様にとって失礼な行為はない。

「研修中」という名札をぶら下げているなら、全サービスをタダにすべきである。

つまり、聞き役に徹しているうちはこの「研修中」のスタッフと同じなのだ。

**あなたもプロとして仕事をしたいのなら、**
**たとえ相手から求められなくても提案を準備しておくことだ。**

私は2社でサラリーマンを経験したが、入社初日から提案を万全に準備していた。

もちろん、駆け出しの私が提案を求められることはなかったが、
提案を準備しておくことで、相手の話を聞く姿勢も違ってくるものだ。

入社3か月もすると、私の真剣な眼差しに反応した相手は、

「君、何か言いたいことでもあるんじゃないの？」と聞いてくる。

そこですかさず「生意気かもしれませんが…」「釈迦(しゃか)に説法かと思いますが…」

と遠慮がちに前置きした上で、検討し尽くした提案を披露したものだ。

幸運にも転職先のコンサル会社では、入社3か月でプロジェクトの受注ができた。

ポイント
**求められなくても「自分ならこうする」と常に考える**

# 03

# 「そんなの知るわけがないよねぇ？」と共感を求めてくる相手とは、今すぐ絶縁する。

無教養な人の特徴に、自分の無知に正面から向き合えないことがある。
格上の相手から自分の無知を指摘されると、
さっそく陰で、自分同様に無知蒙昧（もうまい）な集団に集合をかける。
そして「そんなの知るわけがないよねぇ？」とヒソヒソ話に精を出す。
ひょっとして、あなたもそうしたメンバーの1人ではないだろうか。
これを読んでヒヤッとした人は、まだ見込みがある。
「そんなの知るわけがないよねぇ？」と共感を求めてくる相手とは、
今すぐ絶縁することだ。

**「そんなの知るわけがないよねぇ？」とヒソヒソ話に精を出す仲間に入っていると、あなたはどんどん向学心を奪われる上に、**

**偶然それを目にした一流の人々から「あの人は三流」と烙印を押されてしまう。**


無知なところに勉強する気までなくなるから、ますます無知になる。

その上、一流の人々から嫌われると、二度とチャンスをもらえなくなる。

結果としてあなたの人生は、負のスパイラルに突入してしまうのだ。

このように世の中の仕組みというのは複雑に見えて、
実はとてもシンプルにできているのだ。

「そんなの知るわけがないよねぇ？」という状態を、
あなたの人生でできるだけ少なくしていく姿勢が教養を創るのだ。

そのためには、無知であることを正当化しようとする
負け犬軍団の中に自分の身を置くべきではない。

無知は恥ずかしいことであり、それを正当化するのはもっと恥ずかしいことだ。

知らないことを真摯（しんし）に知ろうとする姿勢が、教養を身につけるスタートなのだ。

ポイント

**自分の無知を知り、真摯に「知るための努力」を続ける**

# 04

# オヤジの話題についていけないのは、あなたが無教養だから。

私が20代の頃、「オヤジの話題にはついていけないよな」という表現がよく使われた。

しかし、私はオヤジの話題が大好きだった。

あまりにも好きだったので、同期とはこの価値観を共有することが難しかった。

私がオヤジの話題が好きだった理由はハッキリしている。

大学時代に、膨大な数のオヤジ好みの本を読んでいたからだ。

マルクスかぶれのオヤジとはいくらでも話を合わせることができたし、

〝大前研一(おおまえけんいち)信者〟の高学歴オヤジとの雑談は、
今思い出しても面白くてワクワクするくらいだ。

周囲がウンザリするような話題でも、私だけは目を爛々(らんらん)とさせて聞き入ったものだ。

「お前、よくあんなオヤジの話を我慢して聞いていられるなぁ…」

と先輩から感心されたが、私は我慢していたのではなく、心から楽しんでいた。

**マルクスかぶれのオヤジ連中から教わった「マルクス経済」の長所は、私が独学でいくら勉強しても到達できないほどハイレベルだったと感謝している。**

『企業参謀』(大前研一著)についてオヤジたちと繰り返し語り合っているうちに、今を深く観察することで本当に未来は予測が可能なのだと、つくづく感心させられた。

これらの経験は転職先のコンサル会社や現在の執筆でダイレクトに役立っている。

少し考えれば当たり前なのだが、

オヤジは20代の人間よりも長く生きていて、教養もある人が多い。

オヤジの話題についていけないのは、本当はオヤジの頭が古いからではない。

**単に自分が無教養だから、オヤジの話題の価値がわからないのだ。**

すべてのオヤジを敬えとは言わないが、最低一度は謙虚に耳を傾けるべきである。

面倒見のいいオヤジをあなたの味方にすれば、無料で教養を高められるのだから。

ポイント

**オヤジの話の価値を認め、謙虚に耳を傾ける**

# 05

# ご高齢者の話は、あなたの生涯の宝になる。

あなたは祖父母と一緒に暮らした経験があるだろうか。
おじいちゃん子やおばあちゃん子と言われる人には、1つの共通点がある。
私も高校を卒業するまで祖父母と一緒に暮らしていたから、
自分と同じ匂いの人間がわかるのだ。
反対に、相手からもそれを指摘されることがある。
先日、私と同世代の某出版社の女性編集者からも、ズバリそれを指摘された。
**どんなに厳しいことを述べていようと、**
**私の文章には根底に愛が流れているというのだ。**
それだけではない。
たとえ話にどこか味があり、おじいちゃん、おばあちゃんの匂いがするということだ。
これまでにそれとなく似たようなことを別の何人かから指摘されたが、

明確に言語化されたのはその時が初めてだった。

**私の祖父母はすでにこの世を去ったが、**
**確かに、祖父母から教わった話は私の体の中に今でも生き続けている。**

「では、どんなことが一番記憶に残っていますか？」

と突然に質問されても答えられないが、ふとした瞬間によく思い出すのだ。

こうして執筆している最中にもふと思い浮かぶことがあるし、夢に見ることもある。

そのたびに私は、ご高齢者の話は生涯の宝になると確信する。

私がコンサル時代には自分の両親はもちろんのこと、

祖父母と同世代の経営者とも仕事をさせてもらった。

彼らと話を合わせることができ、意気投合して仕事が継続的にもらえたのも、

私が祖父母から影響を受けてきたことが無関係ではないと思う。

ご高齢者はインターネットでも検索できない知恵を授けてくれる貴重な存在なのだ。

**ご高齢者と積極的に交流し、生涯の宝をいただく**

# 06

# 文系科目はお手軽で即効性がある。

これまで勉強をサボってきた人が手っ取り早く教養を身につけたふりをしたければ、文系科目の英語・国語・社会を勉強することを強くおすすめする。

もちろん、これらを極めようとすれば一生かかっても無理だが、**何も勉強していない人に「わぁ～すごい！」と勘違いさせるレベルであれば、2年もあれば十分可能だ。**

たとえば英語なら、2年で中学レベルの英文を読みこなして聴き取れるようになるし、暗唱を続ければ、日常会話レベルなら確実に話せるようになる。

ホテルの若いスタッフやバーテンダーが当然のように、外国人客と笑いながら英語でやりとりしている光景を見たことがあるだろう。あれは、中2レベルの教科書にある英短文を暗唱していればできることだ。

国語にしても、極めようと思えばそれこそキリがないが、漢字検定を受験したり、有名どころの文学書評を何冊か読み込んでおくだけで、「わぁ〜すごい！」と勘違いされる。

英語や国語よりも手っ取り早いのは、歴史だろう。

歴史だって本格的にやり始めたら終わりはないが、
**たとえば織田信長（おだのぶなが）や坂本龍馬（さかもとりょうま）など、**
**特定の人物について少し詳しくなるくらいなら誰でも可能だ。**

ちなみに、テレビのクイズ番組で出題される問題の大半は、
中学（つまり義務教育）までの範囲であり、高校レベルの問題はまず登場しない。

なぜなら高校レベルの問題を出してもチンプンカンプンな視聴者が大多数だからだ。

視聴者がギリギリ知っているかどうかという中学レベルの問題を出題することで、

「ああ、忘れてた。悔しい！　次の問題こそ解いてみせる！」と思わせる。

こうして視聴率を上げることがテレビ局側の思惑なのだ。

ポイント
**2年間、文系科目を効果的に学ぶことで他人から一目置かれる**

# 07

## 歴史に疎(うと)いと、ビジネスでは大きなチャンス・ロスになる。

文系科目の中で、もっとも習得の効率がいいジャンルは歴史だと述べた。

ハッキリ言って、何をやってもダメな人は歴史をちょっとかじっておくに限る。

それだけで、無教養と思われる可能性がグンと下がるのだ。

本来なら、日本史と世界史の両方の流れをつかむに越したことはないが、
それだと時間がかかってしまい、途中で挫折する可能性が大きい。

**そこでおすすめなのが、まず明治維新の周辺の勉強をすることだ。**

小学生向けの歴史漫画でもいいし、中学生の歴史の教科書やその傍用問題集でもいい。

とにかく、今の自分でも楽々理解できるもので手っ取り早く習得することだ。

ちなみに私の体験では、吉田松陰(よしだしょういん)の松下村塾(しょうかそんじゅく)について少し語れると、
エグゼクティブたちとグンと打ち解けやすくなれたものだ。

**エグゼクティブたちは誰もが「人材の育成」に興味津々であり、**

**吉田松陰と松下村塾の話題が大好きだからである。**

明治維新周辺の勉強が終わったら、次はお決まりの戦国時代で、「信長」「秀吉」「家康」について少し語れるようにしておくといい。

エグゼクティブの中でも、教養の高い人ほど徳川家康を評価する傾向がある。

一般には信長が大人気であり、家康は不人気だが、そこをあえて、家康がいかに立派だったかを語れるようにしておくと、その他大勢から抜け出すことができるというわけだ。

以上はあくまでも私の初歩的な模範解答に過ぎないので、あなたは自分が勉強することで、より歴史を魅力的に語れるようにしてもらいたい。

歴史嫌いの人もいるが、歴史を語れないのはビジネスでは大きなチャンス・ロスだ。その気になれば、1週間で豆知識を習得できるのだから、習得しない手はない。

**歴史を魅力的に語り、エグゼクティブの関心を引きつける**

# 08

## 理系科目は、じわっと教養がにじみ出る。

教養の真価が問われるのは、理系科目だと私は考えている。
理系といっても様々な教科、科目があるが、
すべての理系科目の共通言語として欠かせないのが数学である。
いや、数学ではなく、ここではあえて〝算数〟と言っておきたい。
小学校までは算数だが、中学になると数学と呼ぶ。
私がここで述べたいのは小学校の算数についてなのである。
なぜ小学校の算数が大切かといえば、算数こそが人間の知恵の価値を決めるからだ。
小学校の算数で落ちこぼれた生徒は、中学校の数学でブレイクすることもなければ、
中学や高校で数学オリンピックに出場することもない。
**算数こそが学習の積み重ねを絶対に誤魔化せない、信頼できる教科なのだ。**
旧帝国大学系の国立大学や一橋大学、神戸大学が、

なぜ文系学部なのに、入試科目で数学から逃れられないかといえば、

小学校から学習を積み重ねているサラブレッドの学生が欲しいからである。

だから、「落ちこぼれが奮起して一発大逆転！」というサクセスストーリーは、

受験数学から逃れることができる私立文系大学でしか起こり得ないのだ。

実際に文系の研究者でも、一流になればなるほど算数の力がにじみ出るものだ。

**小説家やビジネス書の著者でも、キラリと知性が光る人は必ず算数の力がある人だ。**

算数の力というのは論理的思考能力のことだ。

論理的思考能力とは「A=B, B=C, ∴A=C」をひたすら繰り返すことである。

もちろんこれは物理や化学など他の理系科目にもそのまま当てはまるし、

国語の評論文にも当てはまる。

国語の評論文は「A=B, B=C, ∴A=C」を、言語で繰り返し伝え続けているだけだ。

理系科目の力は、同じく理系脳を持つ人からふとした瞬間に評価されやすい。

**一流になりたいなら、論理的思考能力を地道に積み重ねる**

# 成功するのはバカでもできるが、成功を継続させるには頭が必要。

ここ最近、にわか成功者が増えたのはいいが、
いつの間にか消え去っている。
たとえ瞬間的でも成功したことはたいしたものだと思うが、
厳しい言い方をすればそれは成功とは呼ばない。
真の成功とは、継続することだからである。
もちろん、どんなに偉大な企業でもいつかは倒産の危機に襲われるし、
その可能性はどんな成功者にとってもゼロではない。
**私の基準で成功者と呼べる人とは、同じ業界内で最低5年間は**
**「あの人は売れているね」と一目置かれて、**
**成功の一歩手前にわんさと群がっている同業から嫉妬（しっと）される存在だ。**
これが10年続くと普通の成功者で、20年続けば本物の成功者だと考えている。

私はコンサル時代に３０００人以上のエグゼクティブと出逢ってきたが、とりわけ興味を抱いたのは20年以上継続している長期的な成功者だった。

なぜならば、私も長期的な成功者に憧れていたからだ。

**20年以上継続している長期的な成功者と、短期間で消える成功者の違いは明白だった。前者は本をよく読んでいたのに対し、後者はからきし本を読まなかった。**

本をよく読む人は自分以外の人の話にも熱心に耳を傾けたが、本を読まない人はすべて我流で、

「俺はこれまでこれで成功してきたからこれでいい」の一点張りだった。

マスコミでたまに登場する〝にわか成功者〟にも「本なんて読むやつはバカ」と自信満々に語る人を見かけるが、数年もしないうちに見事に消えている。

成功するだけならバカでもできるが、成功を継続させるのはバカではできないのだ。

成功した人が偉いのではなく、成功を継続させている人が偉いのだ。

ポイント

**成功を継続させるため、本から知識と知恵を吸収する**

# 10

## 確かに経験は大切だが、経験しか語れない人生はとても寂しい。

コンサル時代、私は中小企業から大企業までを相手に様々なビジネスをした。
とりわけ興味深かったのは、中小企業が成長する姿を見守ることだった。
当たり前だが、ほとんどの中小企業は中小企業のままで幕を閉じる。
一方、中堅企業や大企業に成長を遂げた中小企業は経営者の頭の中が違っていた。
中小企業のまま幕を閉じる経営者は「経験」しか語れないのに対して、
中堅企業や大企業に成長する経営者は経験を超えた「哲学」を語ることができたのだ。
松下幸之助（まつしたこうのすけ）氏や盛田昭夫（もりたあきお）氏に限らず、
今世紀に入って名前が知れ渡るようになった偉大な経営者もこれは例外ではない。
**経験は確かに説得力があって大切だが、**
**経験だけしか語れないと、それはそれで器が小さくなってしまうのだ。**
つまり「俺はこれで成功した。だからお前らもこうやれ！」という経験論しか語れず、それについてくる人材は必然的に自分よりも小粒人間ばかりになる。
だから、多くの経験一辺倒の中小企業経営者は中小企業のままなのだ。
もちろん中小企業のままでいいという価値観を私は認めるし、
そのほうが幸せだという考えにも大きく頷(うなず)ける。
だが、市場が中小企業であることを許してくれず、
気がつけば、つい中堅企業や大企業に発展していたという状態が、
偉大な経営者にとっては自然の摂理なのだ。
つい中堅企業や大企業に発展してしまうのは、
経営者の器の大きさを隠そうとしても隠し切れなくなるためだ。
**「経験」を超えた「哲学」の広大さに、多くの人が惹(ひ)きつけられるのだ。**
隠そうとしても隠し切れず、ついあふれてしまうものがあなたの教養であり魅力なのだ。

**ポイント**

**「経験」を超えた「哲学」が多くの人を惹きつける**

現状打破が、
教養の始まり。

# CHAPTER 2

## 仕事と教養

11

# ググったらわかることを、いちいち人に聞かない。

最近は何でもググれるようになった。

「何でもすぐにググるな！」というのは完全に間違いで、不明な点は、何でもすぐにインターネットで検索するべきだと私は思う。

そして仕事ではググったらわかることを、いちいち人に聞かないことが大切だ。

**ググればわかることを先輩や上司にいちいち聞くということは、先輩や上司をなめているということだ。**

なぜなら、ググる手間を惜しんでいることになるからだ。

私の書斎を訪れる編集者も、できる人材ほどその場ですぐにググって調べている。

携帯機能をサイレントモードにしておけば相手に迷惑もかからないから、打ち合わせでわからないことが出てきたら、どんどんググることだ。

特に20代に求められる必須の能力として、先取り検索能力が挙げられると思う。

30代や40代の先輩や上司の頭の中を先取りして、

「きっとこんなことを疑問に思っているのだろうな」と察知し、検索するのだ。

するとあなたは、20代で成功者のレギュラーメンバー入りができるというわけだ。

すでにお気づきのように、世の中がデジタル化したからといって、
デジタル機能を駆使した人間が勝ち残るわけではない。

世の中がデジタル化すればするほどに、
人間のアナログ的な部分をいかに満たすかが大切になってくるのだ。

先ほどの例なら、先輩や上司、そしてお客様に対して、

「きっと、こんな情報を欲しがっている」と察知する力がアナログだ。

そのためには日々の人間観察能力が不可欠であり、相手を先読みする力を鍛えることだ。

**自分のためにググるのではなく、相手のためにググるのが仕事における教養なのだ。**

ポイント

**相手の欲しがる情報を察知し、先取りで手に入れる**

## 12

# 仕事でぶつかる壁は、本ですべて予習できる。

仕事で壁にぶつかって悩んでいる人は本当に多い。

これまで私も仕事で数え切れないほどの壁にぶつかったが、致命的な事態になったことは一度もないし、「これで人生おしまいだ」と感じたことも一度もない。

理由は簡単で、大学時代に本を読んですべて予習していたからだ。

「本に書いてあることなんて机上(きじょう)の空論だぞ」

「実践では理論なんて役に立たないぞ」

周囲の大人たちからは異口同音(いくどうおん)にこう吹き込まれたし、私もそう思っていた。

だが、私はビジネス書をまるで小説のように楽しんでいたから、机上の空論でも、実践で役立たなくても、一向に構わなかったのだ。

ところがその予想は、いい方向に大きく外れた。

**私が本で読んだことは、実践でそのまますべて役立ったのだ。**

どんな事件が起こっても、本に書いてあることばかりだったからケロリとしていた。

これは、解法パターンを知っている数学の基礎問題を解くのに酷似(こくじ)していた。

**周囲の人間は本に書いてあった通りの反応を示したし、**

**誰が逃げて誰が残るのかも、ほぼ予想通りだった。**

私が大学時代に人生の予習をさせてもらったように、

今は私が20代の読者に向け、人生を予習できるような本を書いている。

ビジネス書に限らず、小説も人生の予習だ。

小説は作り話だと最初から放棄する人もいるが、それではもったいない。

小説の作り話はどれも非常によく練られていて、これから起こりそうなことばかりだ。

興味を抱いた本を貪欲に読んでおけば、必ず将来、その本があなたを支えてくれる。

**ポイント**

**本を読んで、貪欲に人生を予習する**

# 13

# 競争は避けられないが、かわし方に知性が出る。

仕事をする以上、競争は避けられない。
これは24時間365日、のほほんと生きている私でさえも同じだ。
私自身は競争に巻き込まれているつもりは微塵(みじん)もないが、
取引先の出版社は、激しい競争にさらされている。
つまり、私は競争していないつもりでも、
少なくとも間接的に、出版社を通して競争に巻き込まれていることになるのだ。
私の書斎を訪れる出版社の社員たちは揃(そろ)いも揃って売れる企画を本気で考えているし、
のほほんとしている私との温度差はとても激しい。
出版社の社員が切羽詰(せっぱつ)まった表情で戦っているのは、
資本主義社会に生きていることの証(あかし)であり、それは当然のことだ。
ただ、いくら切羽詰まった表情をしていても戦いに勝てる保証はまるでない。

それどころか、きっと人生が不幸のままで終わってしまうだろう。

**人生を変えたければ、厳しい顔で切羽詰まってしまう以前に、まず、ありのままの現実を直視しなければならない。**

あらゆる変革は、現実からしかスタートできないからだ。

のほほんとした私と、切羽詰まった出版社の社員とでは、まず年収と労働時間が違う。

きっと私のほうが桁違い(けたちが)いに多く稼いでおり、反対に労働時間は桁違いに少ない。

なぜこんな不公平が起こるかと言えば、
ある分岐点を超えると年収と労働時間は反比例することを、彼らは知らないからだ。

**人は桁違いの相手を見ると戦意喪失(そうしつ)するから、もはや競争相手にはならない。**

**競争を上手にかわしたければ、すべてにおいて桁違いを目指すことだ。**

昨対比10％UPを目指すより、昨対比1000％UPを目指すほうが人生は楽しい。

ポイント

**桁違いの結果で周囲を圧倒できる境遇を目指す**

# 14 聞きかじりの心理学による駆け引きをすると、永久追放。

ここ最近は、相手をコントロールするためのナンチャッテ心理学が大流行である。

特に完全歩合制のセールスたちが駆使するテクニックは、ほとんど詐欺(さぎ)に等しい。

私もこうした〝ナンチャッテ心理学〟〝契約をもらうための裏テクニック〟といった本を何冊も読んできたが、それらに対してある共通の感想を持った。

**実戦でよく練られた理論やテクニックには確かに感心したが、「それをやられた側はたまったものではない」という強烈な怒りを覚えたのだ。**

だから私の場合は、それらの本を自分が使うためではなく、自分が騙(だま)されないために読むことにしている。

すると、これまた面白い出来事に遭遇(そうぐう)する。

これらのノウハウを、そっくりそのまま私に試してくる連中に出逢うことだ。

途中から、笑いをこらえるのに必死だが、

こうした聞きかじりの心理学による駆け引きは、つくづく恥ずかしい行為だと、他人事ながら赤面してしまう。

先日も歯石除去のため、ある歯科医院を訪れたが、私のメールアドレスを聞き出すためにスタッフが小細工を使って誘導してきた。DM送付は費用がかかるので、無料で済まそうということらしい。

私は別にメールアドレスの質問を拒絶するつもりはなく、リピーターになってもいいと思っていたのだが、最後のこのNG行為により、この歯科医院を私の人生から永久追放した。

特に営業を生業にしている人には、何度も強調して伝えておきたい。**上っ面のテクニックで売り逃げするのは、最終的に自分で自分の首を絞める行為だ。**エグゼクティブたちは、あなたの聞きかじりの心理学などすべてお見通しなのだ。

**ポイント**

**小手先の技に頼らず、まずは正攻法で勝負する**

# 15

# その人の決断のスピードと教養は比例する。

仕事では、決断の速い人と遅い人がいる。
特にリーダーにこれは顕著であり、決断のスピードこそがその価値だとよくわかる。
では、その人の決断のスピードは何で決まるのか？
それは教養で決まるのだ。
教養のある人は決断が速く、教養のない人は決断が遅い。
教養というのは頭の中で知識と知識が有機的に結びつくことであり、
それが知恵となってあなたの決断を支えてくれるわけだ。
こればかりは、教養を身につけないことにはどうにもならない。
たとえば様々な哲学書や小説を読んでおくことで、
決断を迫られたその瞬間に頭の中の引き出しがサッと開き、
ドンピシャの名言が飛び出して正しい道に導かれる。

あるいは様々な専門書のデータに目を通しておくことで、目の前の人間が話している内容の信憑性（しんぴょうせい）が瞬時にチェックでき、その相手と取引してもいいか否かが決断できる。

**決断に必要なのは勇気だと思っている人が多いが、その勇気を支えてくれている根っこにあるのは、やはり教養だ。**

本書を読んでいるほどの読者なら、これからどんどん教養を身につけていくだろう。だから、今から少しレベルの高い話をしよう。

**教養というのは、まずは何か１つ、専門分野を持っておくことから始まる。**

大学で専攻した分野でもいいし、現実逃避の手段として、ここ十何年の間に打ち込んできた趣味でもいい。自分の専門分野を掘り下げていくうちに、他分野の勉強も必要だと気づかされる。他分野の勉強を付加していくうちに、勉強はすべてつながっていると気づくのが教養だ。

**ポイント**
**１つの専門知識を他の知識と連携させ、新たな価値を創造する**

16

# 一滴の知性を混ぜるだけで、あなたの仕事単価は跳ね上がる。

私はコンサル時代、社内の平均単価の3倍という価格設定で顧客から仕事を受注した。
もちろんそれは私が暴利を貪っていたわけではなく、
顧客数を大幅に減らして、1社に注ぐエネルギー配分を増やすためである。
ところが、顧客にとってはこちらの都合など関係ないから、
提案内容に明らかな「違い」がなければお金を払ってもらえない。
そこで私が見せつけた「違い」が、提案書に一滴の知性を混ぜることだった。
一滴の知性とは個人によって千差万別だが、要するに、
**「今、この人に必要なメッセージは全宇宙で唯一、この言葉である」**
**という一点をつかみ、それをタイトルにすることだ。**
もちろんそれは私が創ることもあれば、先人の名言を掲載しておくこともあった。
私の言葉か他人の言葉かは重要な問題ではない。

今目の前にいる顧客にとって、どんな言葉が人生を変えるのかが重要なのだ。
たとえば元格闘家で、強烈な学歴コンプレックスを抱えながらも
大きな野望を持っている社長がいた。
私がその人に発したメッセージは、国鉄元総裁の石田禮助(いしだれいすけ)による次の言葉だった。

**「粗(そ)にして野(や)だが卑(ひ)ではない」**

彼の複雑な生い立ちと性格を踏まえてこのメッセージを混ぜておいたのだが、
そのまま口頭で特大プロジェクトの受注ができたし、
この出逢いは私のコンサル人生を大きく変えるきっかけになった。
コンサル時代はこれで次々に仕事が受注できたし、仕事も途切れなかった。
現在の執筆では言葉そのものが仕事だから、この能力がダイレクトに役立っている。
本書の巻末著作一覧でわかるように、出版社の大半がリピーターになってくれているが、
それは担当編集者と知性のキャッチボールが途切れないからなのだ。

**ポイント**

**相手の心を鷲(わし)づかみできるのが一滴の知性**

# 17

# たった3行の企画書でも、教養はにじみ出る。

**企画書は短ければ短いほどに美しい。**

**これは私がコンサル時代に散々学んできたことだ。**

ダメなコンサルタントほど、必ず企画書を分厚くして、努力を評価してもらおうと見え見えだったが、相手は並みいる企業の経営陣だけあって完璧に見透かされていた。

エグゼクティブたちが求めているのは、時間泥棒ではなく、時間をプレゼントしてくれる相手なのだ。

どうして、高いお金を払ってコンサル会社を雇うのか。

それはコンサル会社を雇うことで、時間を買っているからである。

自分たちがやると1年以上かかりそうなことを、コンサル会社に手伝わせて半年以内に結果を出そうというのが彼らの考え方だ。

時間を買おうとしている相手に分厚い企画書を手渡すことは、すでに無能の証だ。

エグゼクティブが求める企画書は原則A4・1枚以内で、ピンとこないものはボツだ。

もしA4・1枚の企画に質問があれば、もう少し詳しく教えてほしいと要求してくる。

その時になって初めて、詳細を伝えればいいのだ。

企画書が短ければ短いほどいい理由は、時間を奪わないという理由だけではない。

企画書は短ければ短いほど、作成者の教養がにじみ出るのだ。

これは少し考えればすぐにわかるはずだ。

**短い企画書は無駄がなく、中身のなさを隠蔽（いんぺい）できないために、企画の質がそのままストレートにさらけ出される。**

タイトルがダサければその企画はダサいということであり、先を読まなくても内容がわかってしまうのだ。

ポイント

**知性を総動員して簡潔な文面を創り上げる**

# 18

## 企画とは、無機的な物質ではなく有機的な生き物だ。

企画力を鍛えたいという人は多い。

だがそのためには、企画の本質を押さえておく必要がある。

**企画の本質とは、企画は無機的な物質ではなく有機的な生き物だと知ることだ。**

無機的とは生命が宿っておらず、ぶつ切りしても性質は変わらないということだ。

たとえば石や金属やプラスチックを断片にしても、

それらは石や金属やプラスチックであることに変わりはない。

これが無機的ということだ。

それに対して有機的とは生命が宿っており、

ぶつ切りした途端に調和が崩れて死んでしまうということだ。

たとえば人や魚やライオンを断片にすると、

それらはもはや人や魚やライオンではなく死骸(しがい)になってしまう。

これが有機的ということだ。

つまり、企画とは生き物なのだ。

**ある人の頭から生まれた企画を別の誰かがパクっても、それは同じ企画にはならない。**

**だから三流の人が一流の人と同じ企画を試してみても、やはり三流の結果しか出ない。**

三流の広告代理店が一流の広告代理店と同じ企画をやっても、やはり同じ結果になるとはとても思えない。

企画が有機的な生き物だということが、おわかりいただけただろうか。

企画力を高めるために一流の企画を真似したり、パクったりするのは悪いことではない。

誰だってそういう時期は必要だ。

だが、それではすぐに挫折するから、自分独自の発想を付加することが不可欠だ。

あなた独自の発想を付加することが、真似をさせてもらった相手への恩返しなのだ。

**ポイント**

**人の企画を真似する時は、独自の発想を付加することが礼儀**

# 19

## 大型セミナーの企画で複数の講師を選ばせると、教養のすべてが露呈する。

私がコンサル会社に転職して最初に配属されたのは、大型セミナーの企画を担当する部署だった。

社内からはトップコンサルタント数人、社外からは複数の経営者や、時には芸能人や女優を講師に招いた高級セミナーを企画していた。

**ここで私が痛感したのは、講師を選ぶという行為には、これまでに身につけた教養が露呈されるという現実だ。**

最初は誰でも、有名人や今が旬の成功者を招けばいいと考えるが、次第に、それでは社内の講師とのバランスが取れないとか、どれが目玉かわかりにくい〝幕の内弁当〟のような企画になることがわかってくる。

また、経営を語れる人、経済を語れる人、政治を語れる人、人生を語れる人などと、講師にはそれぞれ役割があることを踏まえておかなければ企画にならない。

**新入社員や転職したての社員を会議に参加させると、**
**教養のある人間は瞬時に企画の本質をつかんだものだが、**
**教養のない人間はいつまで経っても企画の本質がつかめなかった。**

私の生涯の宝になった経験は、自分が企画する側にいたために、他社セミナーのDMを一瞥（いちべつ）して、企画者の力量がわかるようになったことだ。

片っ端から旬の人を並べたセミナーは、親の七光りと金の力で楽をしたとわかったし、「これ誰？」という講師のプロフィール欄を読んで、将来大化けしそうにポテンシャルの高い人なら企画者に畏怖（いふ）の念を抱いた。

以上はもちろん、セミナー講師選びだけに当てはまる話ではない。

仕事やプライベートで、誰かを紹介したり自分が紹介されたりするのも同様と言える。

誰と誰をつなげたらいいのか、その洞察力に教養がにじみ出るのだ。

**ポイント**
**人物の本質を見抜き、大きな化学反応を狙って企画する**

# 20

## 行動に移せないのは勇気がないからではない。頭が悪いのだ。

わかっているのになかなか行動に移せないという人がいる。
コンサル時代にも社内外でそういう人々に数多く出逢ってきたが、
彼らを観察していてハッキリとわかったことがある。
行動に移せないのは勇気がないからではなく、頭が悪いからなのだ。
よく考えてもらいたい。

**人は目の前のことの重要度がわかっていたら、必ず行動に移すはずだ。**

たとえば宝くじで1億円が当選したとわかったら、必ずそれを現金化するはずだ。
当選した宝くじを握りしめながら、
換金しようかどうかと真剣に検討し始める人はまずいない。
あるいはノーベル賞級の発見をした学者が論文をまとめたら、
必ずそれを発表するはずだ。

偉大な発明をまとめた論文を金庫に隠して、発表しようかどうかと真剣に検討し始める人はまずいない。

いかがだろうか。

**人が動かない理由は勇気がないからではなく、今、するべきことの重要度がわかっていないからなのだ。**

人はわかったら絶対、必ず、100%動くのだ。

頭で理解したつもりで体が動かない人は、わかったのではなく、単に知っただけだ。

単に知っただけの人は、フーンで終わってしまう。

人生すべてがフーンの連続で、何も成し遂げることなく終わってしまう人が多い。

もしあなたが何かを成し遂げたければ、知るだけで終わらせず、理解する努力をしよう。

理解する努力とは、人がくれたアドバイスをそのままにせず、〝とりあえずやってみる〟ことから始まる。

**ポイント**
**人からアドバイスを受けた時は、とりあえずやってみる**

あふれた分に、
人とお金が集まってくる。

# CHAPTER 3

# コミュニケーションと教養

# 21

## バカでかい声の挨拶(あいさつ)は、無教養の証。

体育会系が、社会で受け入れられない風潮にあるようだ。

幸い、私が所属した「東北大学ボディビル部」は過去最高の隆盛を極めていると聞くが、中には閉鎖が間近の部活動も少なくないらしい。

社会人になって、大学の同級生で運動部の元主将だった男と食事をした時も、彼が所属した部はいまや「部員数ゼロ」の危機に瀕していると聞いた。

私の記憶では、彼の現役時代は運動部で一、二を争う勢いのある部活だったのに…。

いずれにせよ、世の中は常に生成発展し続けていると仮定するなら、この風潮はきっと正しいのだ。

運動部が廃(すた)れているのではなく、間違った根性論だとか、理不尽な上下関係が問題なのではないだろうか。

私自身の現役時代の反省からも、そう思っている。

体育会系の悪しき習慣の1つにバカでかい声の挨拶がある。
バカでかい声の挨拶は、無教養の証だ。
社会に出れば、会釈で済まさなければならない機会も多いし、
感じのいい挨拶に適した声の大きさもある。
なぜ、バカでかい声で挨拶するのか。
その本質を探っていくと、単に大きな声で威嚇して、
相手よりも優位に立とうとしているだけなのだ。
**最低限のマナーを無視して、声の大きな挨拶をした者が勝ちと考えるのは**
**短絡的だし、何よりもその相手と話す気が失せる。**
本人にその自覚がないのなら、そもそもが無教養極まりない人物ということになる。
**元気な挨拶がいけないのではなく、TPOをわきまえない挨拶が無教養なのだ。**

ポイント

**臨機応変に挨拶の声を調整する**

# 22

# たとえ話には2通りあることを知らないと、相手を激怒させる。

「コミュニケーションの基本は相手の話をよく聞くことである」

まあ、これは本当の話だ。

ただし、何でもかんでも同じように相槌を打っていればいいというものではない。

話の本質をきちんと踏まえておかなければ、せっかく熱心に話を聞いていても、悪気なくして相手を激怒させてしまうからだ。

**人の話は、基本的に2種類しか存在しない。**

**1つは話し手の意見であり、もう1つはたとえ話だ。**

相手が熱心に持論を展開している場合には、
ちゃんと気持ちの良い相槌を打ってあげることが大切だ。

相手がノって話をしているかどうかは、たいていの場合、
気持ち良さそうな顔で饒舌（じょうぜつ）になっているからわかりやすく、その対応も楽だ。

注意しなければならないのは、たとえ話である。
たとえ話には2通りがあり、
話し手が自分の持論を支える「Ｙｅｓ！」のパターンと、
話し手が自分の持論を正当化するために対象を却下する「Ｎｏ！」のパターンである。
「Ｙｅｓ！」のパターンでは、話し手が好きな相手や有名人の意見を、
たとえ話に持ってくることが多い。
「Ｎｏ！」のパターンでは、話し手が嫌いな相手や程度の低い一般論を、
たとえ話に持ってくることが多い。
つまり「Ｙｅｓ！」のたとえ話が始まったならあなたは頷いてもいいが、
**「Ｎｏ！」のたとえ話だとわかった途端、一緒になって対象を批判しなければならない。**
**この、コミュニケーションの本質を理解できている人は驚くほど少ない。**
あなたがこのコミュニケーションの本質を押さえておくだけで、人生は一変するだろう。

**話の風向きを敏感に読み、正しいリアクションをする**

# 23

## 相手が自慢話をしてくるのは、あなたが相手を認めないからだ。

コミュニケーションでやっかいなのは、相手の自慢話を聞かなければならないことだ。
たいてい自慢話を聞かなければならない相手というのは
あなたより目上だったり、力を持っていたりする相手だろう。
聞きたくもない相手の自慢話を聞かされるのは、とてもストレスが溜まるものだ。
では、どうして相手はあなたに自慢話をしてくるのだろうか。
それは、あなたが相手のことをきちんと認めていないからだ。
あなたが認めていると相手の側に伝わっていないために、
相手はあなたに何度も繰り返し自慢してくるのだ。
「そんなことはありません！　私はきちんと相手を認めています」
そう言ってすぐに膨れる人は、次の事実をもう一度思い出してほしい。
コミュニケーションで大切なことは、

自分が伝えたかどうかではなく、相手に伝わったかどうかである。
**あなたが相手を認めていることをいくら主張しても、**
**相手があなたに認められていると感じていなければ無意味なのだ。**
あなたにちゃんと認められていることが相手に伝われば、
相手はもう、あなたに自慢しなくなる。
**それでは、相手にあなたに認められていると感じさせるためには、どうすればいいか。**
**答えは、一度でいいから最後まで完璧に、相手の自慢話を聞き切ることである。**
自慢話を最後まで聞き切るということは、ややオーバーリアクションで頷いたり、
一緒になって喜怒哀楽を示したりするということだ。
このたった1回の努力を惜しむから、あなたは延々と自慢話を聞かされ続けるのだ。
私はコンサル時代、自慢話をしてくる相手に喰らいつき、
「もう疲れたから、いい加減勘弁して！」と言われるまで聞き切ったものだ。

**自慢話を我慢して聞ける忍耐力を鍛えておく**

# 24

# コミュニケーションの基本は、「対等ではない」と知ること。

「お客様と対等の関係でビジネスをしましょう」

「うちは零細(れいさい)企業の取引先とも対等に付き合っています」

こうした美辞麗句(びじれいく)を並び立てると世間にはウケるし、セミナーの集客もしやすい。

実際、私もコンサル時代は「対等」という言葉を巧みに操り、人とお金を集めたものだ。

現実はもちろん、そんなに甘くはない。

この世の中に完璧に対等の関係などありはしないし、
もし完璧に対等の関係があったなら、世の中は成り立たないだろう。

上司と部下が対等なら、部下は上司の指示に従わなくてもいいし、
親と子が対等なら、子は親の指示に従わなくてもいい。

これでは世の中の統制が取れなくなることは、誰の目にも明らかではないか。

**人間関係の基本は「対等な関係はない」と知ることである。**

**そしてもちろん、人間関係の血液であるコミュニケーションにも対等な関係などない。あなたが誰かとコミュニケーションを取れば、そこには必ず上下関係が発生するのだ。**

また、ここが人間社会の面白いところなのだが、
社会的地位が低くなればなるほど言葉遣いが荒くなり、
目上の相手にもタメ口を利いてくるようになる。

その理由は簡単だ。

自分たちより格下の人間はこの世にいないから、虚勢を張らざるを得ないのだ。
頂点と同じふりを演じ、命がけで精神的なバランスを取っているわけだ。
最底辺として必死にもがき苦しんでいるのだから、
ことを荒立てず、そっとしておいてあげるのも格上の人間の役割だ。
こうした最底辺を除き、タメ口を利いてくる相手とは、あなたはすぐさま絶縁していい。

ポイント

**社会の力学を知り、適切な態度を取る**

# 25

## 最初の腰の低さを崩すスピードは、その人の知性と反比例する。

コミュニケーションに対等な関係はないことはすでに述べた通りだが、

卑屈に取り入ってくる格下の人間は、格上に対して次のような過ちを犯しがちだ。

それは、せっかく最初に腰の低さをアピールしたのに、

格上の相手からちょっと優しくされた途端、急につけ上がってしまうことだ。

こればかりは、本当に辟易（へきえき）する。

最初の腰の低さを崩すスピードは、その人の知性と反比例するのだ。

**教養のある人が最初の腰の低さを長時間にわたって維持できるのに対し、**

**無教養な人は腰の低さをあっという間に崩してしまい、**

**すぐに馴れ馴れしくなってしまう。**

無教養な社長が無教養な人材を採用するベンチャー企業が、

由緒正しき大企業に営業を掛けてあっさり却下されるのは、たいていがこうした理由だ。

ベンチャー企業でも、教養のある社長が教養のある人材を採用すれば、
由緒正しき大企業と取引できる可能性が飛躍的に高まる。
大企業が本当に求めているのは、
自分たちと同レベルの、教養ある人材と仕事ができることなのだ。
**教養のある人材にとって、無教養な人材と同じ空間で仕事をすることはとても苦痛だ。**
私はサラリーマン時代に様々な会社と取引をしてきたが、
最初の腰の低さを崩すスピードが速い人間はやはり学校の勉強もできず、
忍耐力もからきしない者ばかりだった。
現在は主に出版社との取引が増えたが、
会社の規模が小さかったり、ブランド力がイマイチだったりする会社の社員は、
やはり最初の腰の低さを崩すスピードが猛烈に速い。
最初の腰の低さを崩すスピードが速いから、一流から相手にされず貧乏のままなのだ。

ポイント

**教養を身につけると腰が低くなる**

26

# 経歴が、人の序列である。

その場にいる人間の序列を把握しなければ、コミュニケーションは失敗に終わる。

では、人間の序列とは何で決まるのだろうか。

それは経歴である。

まず、学歴は人生でより良いスタートダッシュをするために必須である。

次に、就活で勝ち抜いて、しかるべき会社に入社した経験があるか否かも、

露骨にではなく、それとなく人々にチェックされる。

そして、サラリーマンコースを歩んでいる場合なら役職がその人の社会的地位だし、

安定を捨てて独立した場合なら、業界での地位と年収がバロメーターになる。

**「人を肩書で判断してはいけません」という意見は確かに耳に心地良い正論だが、**

**現実には人は肩書で判断されるものだし、**

**肩書が未熟な者は、人間としてやっぱり未熟だと判断されるのだ。**

「やっぱり日本は学歴社会だから…」と愚痴る人もいるが、世界のビジネスシーンにおいて、学歴は日本以上に重んじられている。

学歴によって初任給が数倍違うことなどは当たり前の話で、何十倍、何百倍も違ってくる国さえあるのだ。

以上の事実を踏まえた上で、序列を重視したコミュニケーションを取らないと、いつまで経ってもあなたは下々のままで終わってしまう。

**学歴にも職歴にも明確な序列があるのだから、目上の人は立て、逆に、あなたが目上なのに立ててもらえない場合は中座してもいい。**

表面化しない事実だが、分をわきまえない人間は、陰湿に組織から干される。

あなたはこれを多少、大袈裟に感じるかもしれないが、日本におけるここ最近の異様なナァナァ主義を打破し、世界と戦っていくためには、最低限必要な教養だと確信している。

**ポイント**
**学歴や職歴の序列を理解し、分をわきまえて行動する**

# 27 目上の人の「君はどう思う？」は、「俺に賛成の理由を教えて」の意味だ。

これまで数々の商談で、偉い人たちが「君はどう思う？」と話を振るシーンを何度も目の当たりにしてきた。

そこで私は「優秀な人ほど意外に人生を棒に振っているな」と痛感したものだ。

なぜなら、目上の人から「君はどう思う？」と話を振られた時に、偉い人の意見などはお構いなしで、喜々として持論を展開する人が多かったからだ。

私は大学時代にビジネス書もたくさん読んでいたから、こういう場合はどのように対応するか、すでに完璧に予習済みだった。

私の本の読者ならとっくにご存知だと思うが、

**目上の人の「君はどう思う？」は「俺に賛成の理由を教えて」という意味なのだ。**

**間違っても持論を展開し、相手を論破してはならない。**

そんなことをすればあなたは永久追放であり、

二度とその目上の人から同席する機会を与えられないだろう。

つまり、出世は閉ざされたことになるというわけだ。

私のサラリーマン時代にも、どの角度から見ても私よりも遥かに優秀なのに、この常識を知らなかったために干されてしまった人がたくさんいた。

**本人たちは目上の人を完膚なきまで論破して、帰りのタクシーや列車でご満悦だったが、私は「こんなに頭がいいのに、本当にお気の毒だな」と深く同情したものだ。**

決して笑い事ではなく、まもなくリストラされたり、子会社どころか孫会社に籍まで移されたりしてしまったものだ。

私はと言えば「待っていましたぁ〜!」という気持ちをグッと堪え、予習通りに、まるで最初から自分も偉い人と同意見であったかのように、冷静沈着に賛成の理由を並び立てたものだ。

その結果、今、ここにいる。

**ポイント**

**目上の人に意見を聞かれたら、その真意を洞察する**

28

# 自分から天気の話題をしない。

面談の冒頭で天気の話題をする人は多い。

これは無難な模範解答であり、それにより気分を害する人は少ないだろう。

**だが一流の人、とりわけお洒落(しゃれ)な人は自分から天気の話題をしない。**

これは私がこれまでに出逢ってきた、

3000人以上のエグゼクティブたちから教わった事実である。

たとえば、絶世の美女を目の前にして天気の話題をする人は少ないだろう。

多くの人は天気のことなど忘れてしまって、

瞳孔(どうこう)を開きながら目の前の美女に釘付(くぎづ)けになるはずだ。

あるいは憧れの大富豪に会って、のん気に天気の話題などする人はいないだろう。

多くの人は天気のことなど忘れてしまって、

成功者を目の前に瞳孔を開きながら絶句するはずだ。

**つまり、天気の話題をするということは、目の前の人が凡人という証であり、**
**一緒にいても理性を保てる程度の人間だという意思表示なのだ。**

もちろん、目上の相手から天気の話題をされたなら、快く受けてそれに答えればいい。
それに対して、あなたが目上なのに相手から天気の話題をされた場合、
相手は無意識に、あなたと対等になるためのマウンティングをしていると考えていい。
こういう些細なことで、コミュニケーションというのは主導権を握られたり、
ギスギスしたりするものなのだ。

女性と会う際には、まるで世界一の美女と会うかのように服装を褒めることだ。
具体的には、服の色を「素敵ですね」と褒められて不快に思う女性はまずいない。
男性は服・鞄・ペン・ネクタイ・時計・靴など、
その人が力を入れていると思われるアイテムを褒めると話が弾むことが多い。

**相手の魅力を見抜き、スポットで褒めて相手の心をつかむ**

# 29

# マウンティングをした瞬間、格下が確定する。

マウンティングとは元々、野生動物が力を誇示して優位を獲得する行為だが、
人間関係で優位に立とうと頑張ってしまう人の言動に例えられることも多い。
特に最近の傾向として、男のマウンティングが流行っている。
男のマウンティングがここまで増えたのには何か理由がありそうだ。
一時期、ゆとり教育の影響で膨れ上がった底辺層が、
自らの凡庸(ぼんよう)さに焦りを感じ、なめられないように虚勢を張っているのだろうか。
あるいはどこかの四流コンサルタントが、
弱者向けにマウンティングの指南をしているのだろうか。

**いずれにせよ、マウンティングが通用するのは同レベルか、**
**それ未満の相手までと考えるべきだ。**
**格上の相手にマウンティングをすると、その瞬間に嫌われてご臨終だ。**

たとえば中小企業の社員が、一流大企業の社員に向けてプレゼンする機会を与えられたとしよう。
普通なら「ありがたい」という姿勢で謙虚にプレゼンするはずだ。
ところがここ最近は、コンプレックスの裏返しからか、
「負けないぞ」というライバル心を剥き出しにしてプレゼンする人が激増している。
そういえば私のサラリーマン時代も、
印刷会社やホテルなど取引先を選別する機会があったが、
こうしたマウンティング野郎がプレゼンした瞬間、即アウトの判断を下した。
**仕事の開始前にいくら力んでマウンティングしたところで、**
**いざ仕事がスタートすれば格上の相手には確実に実力負けするのだから、**
**そういう醜い小細工はやめたほうがいい。**
格下なら格下らしく、ありのままの事実を受容して腰を低くすればいい。

**ポイント**

**相手と自分の実力を冷静に見極め、無理に虚勢を張らない**

# 30

# 目上の人を褒めるのは失礼。上手に驚くのだ。

〝人あしらい〟に自信を持っている思い上がった20代が陥りがちな失敗がある。
それは、話が弾んでくると目上の人を褒めてしまうことだ。

**「社長！　それはたいしたものですね～」**

**「かなりすごいじゃないですか！」**

**これを目上の人にやらかすのは、かなり失礼な行為であり、相手から永久追放されるきっかけになりやすい。**

その理由はなぜか。

そもそも、上の人間が下の人間に対して「でかした！」と認めてあげるのが、褒めるという行為なのだ。

たとえば上司が部下に対して褒めるのは自然だが、部下が上司を褒めるのは不自然だ。

気をつけなければならないのは、どこかの団体が、

「○○賞」などと二流や三流の賞をこしらえて偉い人に授ける場合だ。

授賞式のシーンをよく思い浮かべてもらいたい。

授賞式では、〝賞をもらう側〟が〝賞を与える側〟に頭を下げなければならない。

つまり、その賞の主催者よりも受賞者のほうが格下であるという意思表示なのだ。

だから、偉い人たちの中には受賞を拒否する人も複数いる。

受賞の拒否は自然の摂理に則（のっと）った、美しく、ひたすら正しい姿勢なのだ。

目上の人を褒めるというのはとても失礼な行為であり、恥ずかしいということにあなたは気づいただろうか。

目上の人をつい褒めたくなったら、褒めるのではなく、上手に驚くのだ。

**長々としゃべらず、感動に堪（こら）え切れないように「ハァ～」「へェ～」と声を漏らそう。**

心の底から感動した時、人はいちいち言葉など発しないものなのだ。

ポイント

**目上の人を褒めずに敬意を伝えられる知恵を磨く**

分(ぶん)を知ることが、
コミュニケーションの第一歩。

100 SECRETS OF EDUCATED PEOPLE

# CHAPTER 4

# 学問と教養

# 31

# 地頭とは、学力のことである。

地頭（じあたま）という言葉が浸透して、すでに久しい。

流行った当初は歴史上の荘園時代の守護・地頭の「じとう」とよく誤解する人がいたし、実は私も、そう呼んでいた時期があることをここで告白しておく。

ちなみに私がいたコンサル会社では、地頭と似た造語として素頭（すあたま）というものがあったが、結局これは流行らなかったので失敗に終わったようだ。

地頭とは学歴に関係なく、その人本来の生まれ持った頭の良さや、論理的思考能力のことだと定義されている。

だが、これは嘘だと私は思っている。

特に「学歴に関係なく」の部分は低学歴層をおおいに勇気づけ、「その人本来の生まれ持った頭の良さ」の部分は、自分は勉強はやらなかったけれど、生まれつき頭は良いはずだと誰もに錯覚させた。**お祭しの通り、地頭という言葉はそうやって大衆からお金を巻き上げるため、緻密に計算されて生まれた造語なのだ。**

コンサル会社で活躍するためには、地頭の良さに相当する能力として、人を説得するための論理的思考能力、顧問先で人を巻き込むコミュニケーション能力、ついでにこちらが何か失敗をやらかした時、煙に巻く力が必須だ。

これらの能力はほぼ、そのコンサルの学力と比例していた。

**その証拠に、トップ水準の地頭が求められる外資系コンサルティング会社で働く社員の学歴を調べてみればいい。**

**社員全員が、これでもかと言うほど、見事に高学歴のはずだ。**

人は口で嘘はつけても、行動で嘘はつけないのである。

何のことはない、地頭とは学力のことなのだから、真面目に日々勉強するに限る。

ポイント

**流行に踊らされず、地道に謙虚に勉強を継続する**

# 32

# 大学入学後に伸びるのは、国語力のある人。

大学で理系学部に入学して医学・理学・工学など学究の道に進むような場合、意外な科目が力を発揮する。

それは国語、とりわけ現代文の力だ。

私は大学時代に部活で医学科生や数学博士、物理学博士とともに汗を流してきたが、彼らが異口同音に漏らしていたのが国語力の大切さだ。

**当然だが、理系でも自分の研究成果を伝えるにはコミュニケーション能力が求められる。**

**論文を書く際など、たとえそれが英文だったとしても、**

**文章を構成するのに十分な国語力がないことには、結局相手には伝わらない。**

相手に伝わらないということは、この世に存在しないのと同じだから、いくら一生懸命に研究をしても意味がないということだ。

某一流国立大学の医学科でも、大学入学後の伸びは入試国語の成績に比例していると

教育評論家に聞いたこともある。
医学科には一般に理系でもトップクラスの人材が集うから、
物理や数学を得意とする学生が多い。
ところが現実は、医学ではそこまで高度な物理と数学を必要とするわけではなく、
むしろ生物や化学のほうがダイレクトに役立つくらいだ。
そして意外なことに、それら学問のみならず、
共同研究に求められるコミュニケーション能力、つまり、
研究成果をまとめて第三者に伝えるプレゼン能力の元が国語力にあるということだ。
私は文系の研究者養成系の学部だったが、
そこで求められたのも、ひたすら国語力だった。
専門書を読みこなす読解力、次々に書く論文やレポートは国語力がなければ始まらない。

**ポイント**

**どんな分野にも対応できるよう、国語力に磨きをかけておく**

# 33

## 数学も物理も、哲学の一部である。

哲学といえば、日本では文学部内に属する学科であり、不人気であることが多い。

そういえば私の出身学部にも「教育哲学」なる専攻があったが、最も不人気だった。

東京工業大学出身の教授が1人いたが、彼はいきなり宇宙論を語ったかと思うと、次の瞬間、黒板にびっしりと数式を書き連ねてマシンガントークが始まった。

たまにニーチェとかハイデガーといった言葉が聞き取れたくらいで、どれだけ熱心に傾聴しても、何がわからないのかさえわからない状態だった。

最初の講義には20人ほど参加していたが、最後の頃になると私を含めて、参加者は2人だったことも今となっては良き思い出だ。

**私が唯一わかったことといえば、誰1人彼の話を理解できなかったけれど、彼だけはきっと自分の話がわかっているのだろうということだ。**

つまり彼が正しくて、私が間違っているのだという事実をまず受容したのだ。

これを機に私は哲学の本を読み始めたが、そのうちに哲学というのはとても幅広く、あらゆる学問の基礎であることに気づかされた。

**数学博士や物理学博士に哲学の話をしてみたところ、数学も物理も哲学の一部だと教えてくれた。数学も物理も行き着く先は哲学であり、この世の真理とは何かという一点である。**

「これは面白そうだ」と思い、著名な哲学者たちのプロフィールを読み漁（あさ）った。するると、哲学者の多くはもともと数学者や物理学者といった科学者であり、しかも飛び級をするほどの天才揃いであったことを知った。

数学や物理は科学哲学の一部に過ぎず、それ以外にも哲学には、宗教哲学・政治哲学・倫理哲学、そして教育哲学などがあることを知った。まさに哲学とは宇宙のように偉大な学問だったのだ。

**ポイント**

**哲学の世界に触れ、この世の真理に想いを馳せる**

# 34

## 経済学や心理学は、もともと理系の学問である。

日本の大学で経済学部といえば、もちろん文系学部に属する。
むしろ、文系学部でも一番のメジャー学部が経済学部ではないだろうか。
自分が将来、何をするのかが特に決まっていなければ、
とりあえず文系なら、経済学部に入っておけば無難だろうというわけだ。
日本人であれば、以上の情報に疑いの余地はないはずだ。
ところがこれが一歩海外に出ると、まるで事情は違ってくる。
経済学は理系と考えられているのはもちろんのこと、
受験で数学を必要としないことはあり得ない。

**経済学部の金融工学といえば、**
**理系の中でも飛び切りのサラブレッドたちが学んでいる、超複雑な理数系だ。**
もっと信じられないのが、心理学も純度100%の理系学部だという事実だろう。

日本では心理学の輸入の仕方を間違えてしまったが、
世界では、心理学は医学や工学と接点の多い学問として位置づけられている。
少なくとも理学部のように基礎科学の1学科として配置されていることが多く、
連日、実験の繰り返しで仮説と検証をひたすら繰り返すハードな学問だ。
私の出身学部にも「教育心理学」なる専攻があり、一番人気の専攻だったが、
当時流行の「占い」と似たような学問と勘違いした女子学生は悲鳴を上げていた。
彼女たちは大学受験の「微分・積分」の参考書を片手に、連日図書館で猛勉強していた。
以上で見てきたように、経済学も心理学も、本来は理系の学問なのだ。
**文系・理系というカテゴリーに惑わされて、**
**あなたが学ぶべき学問を見失ってしまっては、もったいない限りだ。**
理系も文系も関係なく、貪欲に学ぶのが教養なのだから。

**ポイント**
**理系・文系の分類に惑わされずに学問と向き合う**

35

# 理解するのに苦労する分野より、スッと理解できる分野の勉強をする。

あなたがどれだけ切実に教養を身につけたいと願っていても、

苦手な分野から手をつけるのは得策ではない。

なぜなら、苦手分野というのは理解するのにやたら時間がかかり、

ついには勉強そのものが嫌いになってしまうきっかけになりかねないからだ。

**そもそも生理的に受けつけない勉強とは、**

**あなたはやってはいけない、という本能からのメッセージなのだ。**

**いや、正確には〝今〟その勉強をすべきではない、というメッセージなのだ。**

私は大学に入学するまで現代文が大嫌いだった。

問題文を一行読むだけで頭がくらくらしてきたし、

一段落すら黙読し終えられず、睡魔(すいま)が襲ってきたものだ。

だからと言って数学や理科の問題文が読めないわけではなかったし、

英語の長文も何とか最後まで読めた。

何とも不思議だったが、現実を受容した私は受験国語を早々に諦めて、他の教科の勉強に専念することにした。

入試国語はついに受験本番まで間に合わなかったが、驚くべきことに大学入学後は専門書を含め、どんどん本を読めるようになっていた。

本を読めなかったコンプレックスがあったからこそ、その反動で読書熱に火がついたのだと思う。

言葉にするのは難しいが、大学入学までは読書以外のパズルのピースを揃えておき、入学してから読書のピースを突然にプレゼントされたイメージだ。

これが教訓となり、現在も生理的に拒絶する勉強には近づかないようにしている。

好きな勉強に没頭しているうち、ご縁があればまたチャンスが巡ってくるだろう。

ポイント

**生理的に受けつけない学問は、あっさりと諦める**

## 36

# どんなに疲れていても毎日1ページは本を読む習慣で、教養は身についてくる。

大人の教養としては、やはり読書に勝るものはない。

読書だけで教養が完成するわけではないが、読書なしの教養はあり得ない。

教養のある人はどんなに忙しくても、どんなに疲れていても、必ず毎日1ページは本を読む習慣があるものだ。

これに対して教養のない人はどんなに暇でも、どんなに元気でも、絶対に本を読まないのはもちろんのこと、本に触れることもない。

この習慣が日々刻々と教養を創っていき、人生を創っていく。

**毎日必ず本を読んでいる人と、1年に1冊も本を読まない人とでは会話が噛み合わない。**

私はこれまでに1万人以上のビジネスパーソンたちと対話をしてきたが、本を読む習慣のある人とはどんな話題も弾んだが、本を読む習慣がない人とはすぐに会話が途切れた。

今だから正直に告白するが、本を読まない人との会話は退屈極まりなく、その場にいるのが苦痛以外の何ものでもなかった。

**本を読まない男性の話題といえば、女と車にたいてい絞られるし、本を読まない女性の話題といえば、男とお洒落に絞られる。**

私も彼らに合わせてそれらの話題を深めようとするのだが、「え!? 知りませんでした」「う〜ん、よくわかりません」という返事があるだけだ。

最初は嫌われているのかと思ったが、次第に彼らが何も考えていないだけだとわかった。

この世の中には、何も考えずに生きている人がたくさんいるのだと教わった。

何も考えていない人は、同じく何も考えていない刹那的な生き方の人と群れるものだ。

本書を手にしているあなたは、間違いなく本を読む側の人間だ。

引き続き本をどんどん読んで、出逢う人のレベルもどんどん上げてもらいたい。

**毎日本を読む習慣をつけ、読書家同士で見識を高め合う**

# 37

## 美術や音楽は、関連の映画を1本鑑賞しておく。

教養と聞くと、すぐに美術や音楽の専門書を読み漁る人がいる。

勉強熱心なところは評価するが、そんなことをしてもたいてい挫折するのがオチだ。

**私がおすすめなのは、知りたいことに関連する映画を1本鑑賞しておくことだ。**

映画ならストーリー仕立てだから、
せいぜい2時間程度スクリーンを眺めているだけで概要が頭に入ってくる。

**1本の映画を鑑賞しておくだけで、パーティー会場などで専門家に話を振られても、ひるまずに喰らいついていけるものだ。**

たとえば美術の分野では『モンパルナスの灯』というフランス映画がいいだろう。

この映画を何度も鑑賞するだけで、
画家というのはどういう人種なのかがおぼろげながら見えてくる。

この映画は、生前ついに売れることがなかったアメデオ・モディリアーニという天才画家の伝記だ。
彼は名もなく貧しいままだったが、モテモテの人生だった。
とにかく孤独であり、孤独の中、自分の魂とひたすら向かい合って絵を描き続けた。
映画の1シーン、画商が彼の作品をつかむその手さばきは名演技だ。
音楽の世界では『アマデウス』という映画がいいだろう。
アマデウスとはモーツァルトのミドルネームであり、「神に愛される」という意味だ。
アントニオ・サリエリというヨーロッパ楽壇の頂点に立つ人物が
モーツァルトの天才ぶりを回想する映画だが、
才能の格差とは、かくも残酷なものかと痛感させられる。
同時にあなたは西洋と日本の音楽の違いを知り、
西洋がいかにロジックを重視するかさえも感じることができるだろう。

**ポイント**

**専門知識は1本の映画からでも十分に吸収できる**

# 38

# 偉大な発想を生むには、過去の成功パターンの詰め込みが必要条件。

偉大な発想とは、何も科学者や発明家の専売特許ではない。
普通の人であっても、偉大な発想を世界に発信すれば、
一躍有名人や成功者たちの仲間入りができる時代がやってきたのだ。
**さて、偉大な発想を生み出す必要条件とは何か。**
**それは呆(あき)れるほどにシンプルで、**
**とにかく先人たちの過去の成功パターンを詰め込むことだ。**
将棋の名人たちも、無数の定石(じょうせき)をマスターしたことで一流になっており、
最初から偉大な発想ができたわけではない。
**徹底して定石をマスターしてから、日々それだけでは勝てないことを痛感し、**
**独自の指し方を生み出していくのだ。**
我々も将棋の名人と同じで、最初に成功パターンを暗記することから始めたい。

過去の成功パターンを使いこなしているうちに、

「もっとこうしたほうが便利なのに」

「自分はこの部分が使いづらい」

といった不満が出てくる。

その不満こそが、偉大な発想の種になるのだ。

あなたもご存知のように、主婦の知恵から生み出された商品は数多い。

あれは主婦が日常の家事で〝当たり前〟とされていることに不満を感じて、解決しようと行動に移し、それが上手くいって世に広まり商品化されたのだ。

偉大な発想を生み出すのは、むしろ不器用な人のほうが有利だろう。

器用な人は過去の成功パターンをすんなり使いこなせるから、工夫などは必要ない。

ところが不器用な人は過去の成功パターンを使いこなせないから、工夫する必要がある。

いずれにせよ、過去の成功パターンを詰め込むことから偉大な発想が始まるのだ。

ポイント

**ありふれたパターンから、非凡な組み合わせを考える**

# 39

# 偉大な発想を生む十分条件は、PDCAサイクルを淡々と回し続けること。

偉大な発想を生み出す「必要条件」は、過去の成功パターンを詰め込むことだと述べた。

**では、偉大な発想を生む「十分条件」とは何か。**

**それは過去の成功パターンをどんどん日常で試してみることだ。**

日常でどんどん試して、

自分が思い描いていたイメージと現実のギャップに打ちのめされることだ。

打ちのめされたあとは、次はどうすればいいのかを考えて再チャレンジするのだ。

ご存知のように、世間ではこれをＰＤＣＡサイクルと呼んでいる。

**Plan（計画）→Do（実行）→Check（評価）→Act（改善）**

**これを淡々と繰り返すことで、いつの間にか目標を通過するということだ。**

１サイクルではたいした発想が生まれなかったとしても、

何度もサイクルを回しているうち、周囲から驚かれるような発想に育っている。

「ＰＤＣＡサイクルをちゃんと回しているのに、全然、効果がありません！」

念のため、こんなふうにシャウトしている人にアドバイスしておこう。

ＰＤＣＡサイクルを回しているのに一向に成果が出ない人の特徴は、Plan（計画）とCheck（評価）に問題があることが多い。

計画が非現実的にハード過ぎたり、反対に、緩過ぎて意味がなかったりするのだ。

評価については「自己への過大評価と他者への過小評価」という言葉もあるように、評価の程度やポイントがズレていることがある。

そのためＰＤＣＡサイクルで行き詰まったら、信頼できる第三者の意見を仰ぐことが大切になってくる。

もちろん、こうして本を読むのもＰＤＣＡサイクルの行き詰まり打破にもってこいだ。

ちなみに自然科学分野のノーベル賞も、愚直なＰＤＣＡサイクルの賜物である。

**ポイント**
**過去の成功パターンを日常で試し、結果を評価し、改善する**

# 40

# 教養とは、継続力のことである。

私はその人が教養のある人かどうかは継続力で判断する。
本能から来る欲望（食欲・性欲・睡眠欲など）を除くすべての分野において、
継続力とは人が最も苦手とする能力だからである。
人が最も苦手とする継続が成し遂げられているとしたら、
それは、その事実だけで評価に値する。
**たとえば日記をかれこれ何十年と継続して書いている人は、**
**それが1行だけの日記だったとしても信頼に値する。**
日記を毎日欠かさず10年以上継続できる人は、
多く見積もっても1％はいないからだ。
あるいは、かれこれ何十年と筋トレを継続している人も、
それが週1回のペースだったとしても信頼に値する。

筋トレを週1回のペースで欠かさず10年以上継続できている人は、多く見積もっても1％はいないからだ。

何かを継続するということは、それだけですでに上位1％に入っている証拠であり、残り99％の人々には見えない景色が見えているのだ。

「高校時代に英検1級を取りましたが、それ以来何もしていません」という優等生より、**「高校を卒業してから20年間、毎日中学時代の英語の教科書を音読しているうちに、すべて暗記してしまいました」という人のほうに、他人は脅威を感じるのだ。**

まず間違いなく、前者よりも後者のほうが現在の英語力は上だし、もし英会話の先生をやらせても後者の圧勝だ。

その人の教養とは、その人の継続力のことなのだ。

会社経営者でも20年以上継続させる人は、間違いなく教養であふれている。

作家の世界でも20年以上売れ続ける人は、間違いなく教養であふれている。

**いかなる時でも淡々と継続できる人は信頼に値する**

深く掘りたければ、
広く掘ればいい。

# CHAPTER 5

# 偏差値と教養

# 41

# 勉強すればするほど、理解のスピードは速くなる。

勉強には1つの法則がある。

それは、勉強すればするほど理解のスピードが速くなるということだ。

だから、勉強しない人は、いつまで経っても理解のスピードが遅いために、ますます勉強が嫌いになる。

それに対して勉強する人は、どんどん理解のスピードが速くなるために、ますます勉強が好きになる。

この差は宇宙の拡張現象のごとく広がり続ける。

たとえば新しく何かを勉強する時、最初は誰でも偏差値25からスタートする。

偏差値25というのは、白紙状態という意味だ。

偏差値25から初歩を学んで基礎固めを一通り終えると、偏差値は50を超え始める。

**この偏差値25から50までの初歩と基礎固めとは退屈な期間であり、**

**くじけそうになるかもしれないが、ここを経過すると一気に解ける問題が増えてくる。すると勉強が楽しくなってはかどるため、時間もあっという間に過ぎる。**

「標準問題」と呼ばれる頻出問題を解く頃には合格ラインも見えてくるから、もう、放っておいても勉強したくなるものだ。

むしろ、勉強しないのが「もったいない」と思い苦痛を感じたりもする。

私の高校時代には「勉強なんて誰だってつまらないし、やりたくないに決まっている」と言う教師は多かったし、私を含めてほとんどの生徒はそう思っていた。

ところが今になって思うのは、きっと全国には受験勉強が楽しくて仕方がない生徒も、たくさんいたに違いないということだ。

受験勉強に限らず、勉強はもともと大人たちの娯楽であり、楽しいものなのだ。

換言すれば、あなたが心底楽しめる勉強に没頭すべきなのだ。

**ポイント**

**基礎固めの時期を越えると、勉強は心底楽しめる段階に到達する**

# 42

# 受験の真の難易度は偏差値ではなく、入試科目数である。

日本で一番難易度の高い大学が東大であることくらい誰もが知っている。

そして二番目はどこで、三番目はどこなのかも、水準以上の日本人であれば知っている。

**東大の、どこが難しいのか？**

**それは偏差値の高さではない。**

正確に言えば、東大は偏差値も日本一高いが、
偏差値では東大の真の難易度が見えにくいということだ。

なぜなら、偏差値は入試科目数が少ないほど、高く算出されてしまうからだ。

極端な話、英語1科目入試にすれば、偏差値は極限まで跳ね上がる。

「東大や早慶」という表現を使う私立文系出身者は数多いが、
東大と早慶を並べるのはかなり無理がある。

たとえば大学で法学部に進学したい学生が、東大文科Ⅰ類を目指すとしよう。

その場合、以下の準備が必要になる。

「1次試験（マーク式）…外国語・数学2科目・国語・理科2科目・社会2科目」＋「2次試験（記述式）…外国語・数学・国語・社会2科目」

これが、慶應の法学部になると以下、たったのこれだけで済む。

「外国語・社会1科目・小論文」

受験偏差値をインターネットで検索し、たまたま一番上にヒットしたデータを見ると、いずれも合格目標偏差値は70ということになっている。

同じ偏差値70でも、双方の実質的難易度は何倍も、いや、受験者によっては何十倍も違うことくらい、サルでもわかるはずだ。

**教養もこれと同じで、できる限り幅広く掘ったほうが結局は深く掘れる。**

これは砂場で穴を掘るのとまったく同じだ。

念のため、慶應の生協で千田本が人気第1位に輝いたこともあり、私は慶應が好きだ。

**ポイント**
**教養を深めたければ、幅広く、深く学問を身につける**

# 43

## その人の偏差値と教養は、概して比例する。

ここ2年ほど、私は仕事で数々のクリニックに入り込んで、ある調査をしている。
いずれもホームページでは超一流に見える美容クリニックばかりだ。
最近は中年男性が顔のシミ取りをするのは珍しいことではないし、
女性の顔と体のプチ整形は日常茶飯事となっている。
ひょっとしたら本書の読者にも美容クリニックのリピーターがいるかもしれないが、
次のような事実に気づかされるはずだ。
クリニックには大まかに3段階の人材がいる。
まずは医師であり、美容整形の分野は医者の中でも偏差値は高いほうではないが、
それでも65以上の大学を出ていることだろう（そうだと信じたい）。
次に看護師であり、大卒・短大卒・専門学校卒で範囲は広いが、偏差値は中程度だ。
特に、私立の学校は見かけの偏差値がやや高くても、

入試科目が軽量であるために、実質的難易度は思っているよりも低い。

最後に、容姿が優れた受付スタッフであり、偏差値は極めて低い。

彼女たちは患者に軽く見られないように、

「○○カウンセラー」「○○コンシェルジュ」と名乗っていることが多い。

**綺麗事(きれいごと)を抜きにすると、偏差値と教養は見事に比例する。**

医師は概して計算も速くケアレスミスはまずしないし、どんな話題でもついてくる。

看護師は概して計算が遅くケアレスミスを頻繁(ひんぱん)にし、浅い話題しかついてこられない。

受付スタッフに至っては、単純な足し算さえ間違え、話すたびにボロが出てしまう。

「偏差値は学力の一指標に過ぎず、その人の価値とは何ら関係ない」

と美辞麗句を並べたほうが、ひょっとしたら本は売れるかもしれないが、
それでは千田琢哉の名がすたる。

その人の偏差値と教養は、概して比例するというのが紛(まぎ)れもない事実なのだ。

**ポイント**

**より高い成功への到達を目指し、より高い偏差値を目指す**

# 44

# 国語と算数ができなければ、どんなに勉強してもザルで水をすくうようなもの。

私の本の読者には10代の現役受験生もいれば、40代や50代のその保護者も数多い。

中には、どれだけ勉強してもほとんど成績が上がらないと悲鳴を上げている人もいる。

**私自身の家庭教師の経験と、大手学習塾の社長直伝の1次情報をもとに、どんなに勉強しても報われない生徒の〝根本的な原因〟を公開しよう。**

**それはそもそも、小学校の国語と算数が根本的に理解できていないということだ。**

小学校の国語と算数が理解できていないまま中学に進学すると、ほぼ100%の確率で落ちこぼれる。

そして一度落ちこぼれたら、復活するのはまず不可能だ。

小学校の国語と算数がボロボロでは、どんなに長時間勉強してもザルで水をすくうようなものだからである。

**超難関国立・私立中高一貫校の生徒たちは学校生活でダラけて落ちこぼれても、**

**受験直前に勉強したり浪人したりして、結局、一流国立大学に合格する。**

**これは、小学校の国語と算数が抜群にできるからである。**

彼らは難関中学に入学するため、これでもかというほどに小学校の国語と算数を鍛えていたから、基礎力がMax状態に出来上がっている。

これに対して小学校から国語と算数で落ちこぼれていた子どもは、

「そもそも何がわからないのかがわからない」

「どれだけ憶えてもすぐに忘れてしまう」

という負のスパイラルに突入する。

大学受験の準備が間に合わず、止むを得ず私立文系コースに逃亡するとしても、大人になって必ず国語力不足と算数力不足は実感させられる。

大人になってこそ、易(やさ)しい中学受験の国語と算数を勉強してマスターすることだ。

**ポイント**

**行き詰まったら、小学校の国語と算数を改めて学習する**

# 45

# 読書する前に、公立高校入試の国語を解けるようにする。

教養を身につけるためには読書が効果的であることは誰もが知っている。
だが、どれだけ本を読んでいても「あまり身についていないな」と思える人が多い。
せっかく本を読んでいるのに、これはもったいない話だ。
私は積極的に本を読む人に向けて本を書いているが、
どうせなら読んだ内容が教養となり、人生に役立つ機会に恵まれたほうがいいと思う。
そこで今回は、読書した内容が身につきやすくなるために、
ぜひ試してもらいたい勉強法を公開しよう。
**それはあなたの出身都道府県の公立高校入試問題の国語を解いてみることである。**
**つまり、義務教育の集大成である「高校入試」の国語を勉強するのだ。**
とりあえず、最低でも5年分は解いてみよう。
制限時間は多少オーバーしても構わないから、

熟考し、自分なりに確信を持った上で解答してみることだ。
ヤマ勘で選択肢を選ぶのではなく、
間違ってもいいから自分なりの根拠を述べられるようにすることだ。
**答え合わせは単に○×を判定するだけではなく、**
**なぜその模範解答に行き着くのか、そのプロセスを丁寧に理解することが大切だ。**
そのためには、できる限り解説の詳しい問題集を買い求めるのがいいだろう。
二度三度と繰り返すうちに誰でも満点が取れるようになるが、
そうなったらもう問題は解かなくてもいいから、
半年後にもう一度問題文だけをじっくりと味わうことだ。
同じ要領で、他の都道府県を含めて約50回分の問題文を味わっておけば、
あなたの読解力は飛躍的に向上し、どんな話題でもついていける礎が完成するだろう。
知らない漢字はグンと減るし、様々なテーマに関心を持てるようになる。

ポイント

**義務教育を丁寧におさらいすると、実力がグンと上がる**

46

# 算数が苦手のままでは、永遠にお金は稼げない。

某経済学者が「文系学部では数学選択で受験した人のほうが大企業への就職率が高く、生涯年収も高い」という調査結果を発表したのは有名な話だ。

ちなみに理系では、高校時代の得意科目を物理と答えた人たちの年収が一番高かったという。

年収が高いということは、いい会社に入って、出世できているということに他ならない。

私の高校時代や大学時代、そして社会に出てから周囲を振り返ってみても、この調査結果はそのまま当てはまる。

**数学も物理も、要は数学、つまり算数の力がベースになっているわけだが、算数の力はそのまま「稼げる力」にも直結するというわけだ。**

学者たちの結論は、「論理的思考能力はやっぱり大切だ」ということだろう。

だが私はそれに加え、算数が導く「困難から逃げない姿勢」が要因だと思う。

算数の問題というのは、見方を変えれば人生の問題と酷似している。

人生で起こる問題はすべて算数の問題と同じだ。


**「さて、あなたはこんな壁にぶつかりました。どうやって解決しますか？」**

**人生で頻繁に起こるこの問題を解くプロセスは、まさに算数そのものではないだろうか。**


ぶつかった壁で、取り返しのつかない部分はどこか、取り返しのつく部分はどこか。

わかっている条件は何で、わかっていない条件は何か。

これを整理するのと同じだ。

もしこれで行き詰まれば、「逆さまにしてみる」「補助線を引く」「共通点をまとめる」

といったように発想の転換を試みるのも算数そのものだ。

算数は人生を抽象化したものだ。

高校数学で習う不連続関数のグラフは、まさに人生の縮図である。

ポイント

**算数を学び「困難から逃げない姿勢」を身につける**

# 47 IQを高めたければ大学入試ではなく、私立中学入試問題で鍛える。

最近、頭脳にコンプレックスを抱く人を対象に
ビジネスをする人や会社が増えてきたとすでに書いたが、
とりわけIQにコンプレックスを抱き、高めたいと思っている人は非常に多い。
その理由は、「学歴が低い」と言われても努力不足と言い訳できるが、
「IQが低い」では生まれつき愚鈍（ぐどん）ということになり、
どんな方法を使ってでも高くしたくなるためではないだろうか。
そもそも、IQは努力すれば高くできるのか。
**本来のIQテストは準備をさせずに抜き打ちでやるからこそ意味があるのだが、**
**実を言うと、就活や転職で試されるIQテストに近い問題の場合、**
**誰もが訓練次第である程度までは伸ばせるものだ。**
一応、大手書店の就活コーナーに一通り参考書や問題集は揃っている。

だが、これらには重大な欠点がある。
問題数が少な過ぎることと、解説が簡潔過ぎるために、
もともとＩＱがそこそこ高い人でなければ理解できないことだ。
ここで力を発揮するのが就活コーナーではなく、学参コーナーである。
ハッキリ申し上げて就活より学参のほうが、はるかに洗練された良書が多い。
**ＩＱテストに酷似しているのは、大学受験や高校受験の学参ではない。**
**それよりも、私立中学入試用の学参がダントツでおすすめだ。**
初めはできるだけ偏差値の低い私立中学入試の「国語」と「算数」の問題集だ。
詳しい解説付きの問題を解いて、
楽々満点が獲得できるようになったら中堅レベルまで勉強しよう。
これでもう、あなたはＩＱテストでコンプレックスを抱えることはなくなるだろう。
不思議なことに、「国語」と「算数」の力がつくと本当に脳が活性化してくるのだ。

**ポイント**
**中学受験学参には脳力を上げるエッセンスが詰まっている**

# 48

# IQテストとは、「帰納→演繹」のスピードチェックテストだ。

IQテストには主に「国語」的な文章理解と「算数」的な数理処理がある。
これらの共通点は「帰納→演繹」のスピードチェックテストだということだ。
帰納というのは「様々な事例→ルール化すること」だ。
たとえばカラス、スズメ、インコ…といった空を飛ぶ様々な事例を、
「鳥」と呼ぶことにしようとルール化することが帰納だ。
これに対して演繹というのは「ルール化したこと→様々な事例に当てはめること」だ。
たとえば「鳥」と呼ぶことにしたルールを、
ワシやタカ、トンビにもそれぞれ当てはめてみることが演繹だ。
このようにIQテストとは、すべて無機質に見える様々な事例を並べておきながら、
その中にある一定のルールを見つけて帰納させる能力と、
それを演繹的に他の様々な事例にも当てはめて検証しながら、

そのルールが正しいと決定するテストだ。
「帰納↓演繹」のスピードが速ければ速いほど、IQが高いというわけだ。
IQが高いということは受験勉強もできる可能性が高く、
大学入学後の学問にも有利になりやすいということになる。
**なぜなら受験勉強は模範解答という絶対のルールが存在する競技であり、**
**そのルールを憶え、演繹的に使いこなせるようになった者が勝者になるからだ。**
**そして大学入学後の学問は「帰納↓演繹」をひたすら繰り返すことだからである。**
「帰納法は仮説に過ぎず、最低1つは演繹的反証を探すのが科学者の役割である」
哲学者カール・ポパーはこう述べた。
つまり経験や直観による「…かもしれない」という帰納法による仮説設定行為は、
たとえ大衆であっても自由にできて、科学を科学者に独占させないというわけだ。

ポイント

**「帰納↓演繹」のスピードを上げれば頭脳は鍛えられる**

49

# 受験や資格試験は、解くべき問題を確実に解けるようにする。

私の本の読者には高校や大学の受験生や、各種資格試験を目指している人も多い。

なぜか私の本の中でも、勉強に関する項目の人気が高いという声が各出版社から届く。

そういえば大学時代に家庭教師を担当した生徒はいずれも成績が急上昇して、生徒と親以上に、私自身がびっくり仰天（ぎょうてん）したものだ。

加えて私自身が社会人になって数々の業界内の資格試験を受験させられた経験と、コンサル時代に様々な教育産業のプロたちから惜しみなく教わったコツがマッチして、それが読者の役に立っているのかもしれない。

**受験や資格試験で知っておくべき大切なことは、これらは勉強の本質ではなく単なる通過点に過ぎないということだ。**

つまり勉強はこれから一生続くのだから、ここは合格最低点をクリアしておくに限る。

もちろん余力があれば合格最低点に上乗せしていけばいいが、

それはあくまでも余力がある場合の話だ。

合格最低点をクリアすればいいと言うとすぐに、

「それができないから苦労している」という反論が返ってきそうだ。

合格最低点ピッタリの点数でクリアする勉強などはできないが、何度受けても合格最低点をクリアできるレベルまで勉強することは、たいてい可能だ。

まず合格最低点を調べて、どんな問題を、どこまで解けばそれに到達するかを知ることだ。

すると、どんな試験でも「解くべき問題を確実に解けるようにする」ことで合格できることが判明する。

**表現の違いはあるものの「解くべき問題」とは、初歩・基礎・頻出問題のことだ。**

**換言すれば、初歩・基礎・頻出問題がいつまで経っても解けないなら、あなたはその試験に向いていないということだから、さっさと進路変更したほうがいい。**

ポイント

**合格最低点を調べ、解くべき問題を確実に解けるようにする**

# 50

## 模範解答のある勉強に没頭した経験は、人生で必ず活きる。

私は常々、模範解答を超えることの重要性を述べると同時に、まずその前に、模範解答を習得することの重要性も述べている。

模範解答を習得しないことには、そもそも模範解答を超えることなどできないのだ。

模範解答を習得しないまま自分勝手な意見を主張するのは、単に無知蒙昧な人間の戯言と思われても仕方がない。

私はこれまでに2社の東証一部上場企業でサラリーマンを経験したし、独立してからも、これまで30社以上の出版社社員たちと仕事をしてきた。

サラリーマン時代は社内のサラブレッドが集う恵まれた職場環境だったし、現在の出版業界で働く人間たちの学歴はかなり高い。

それらの経験を通して気づかされることは、

**人生のある時期、模範解答のある勉強に没頭した経験はとても貴重ということだ。**

**いや、正確にはどんな勉強も、最初に模範解答を習得することが大切なのだ。**


模範解答とはその道で超一流と言われる人材たちが考え尽くした知恵の結晶だ。

先人の知恵の結晶を、最初に習得しない手はないのだ。

先人の知恵の結晶を習得せずに自力でアイデアを出すのは、どう考えても遠回りだし、愚か者のすることだ。

ただし人の心は移ろいやすく、時代も世界情勢も日々刻々と変化しているため、そのまま演繹的に当てはめてみても、当てはまらないこともある。

だから、人生は楽しいのだ。

そのまま演繹的に当てはめても当てはまらない反証を見つけただけでも、あなたはその模範解答を学んだ意義があるというものだ。

模範解答を踏まえた上でそれを超えると、そこに人とお金が集まってくるのだ。

ポイント

**最初に模範解答を身につけ、それを超えていく**

甘い言葉に
騙されないのが、
教養。

# CHAPTER 6

# 地位と教養

# 51

# 人間の格式は、教養のランクで決まる。

ここで、本書最大のタブーに触れてしまおう。

人間の地位や格式は、その人が身につけた教養のランクで決まるということだ。

教養のランクの決定要因には、人格者であることも含まれる。

ここで注意してもらいたいのは、

教養のない人が唱える「人格者」が本当の意味での人格者ではないということだ。

**本当の人格者には、必ず厳しさが備わっており、**

**同時に、愛情もあふれているというアンビバレントな状態が保たれている。**

これを理解するのにも、最低限の教養が必要になる。

どうして人間の格式は教養で決まるのか。

それは地球上の生物の中で人類が唯一、

他の生物よりも突出して優れているのが頭脳だからである。

どんなに運動神経に恵まれたアスリートも、野生の動物の運動能力には遠く及ばない。
人類が水泳でどれだけ記録を更新しようとも、サンマやイワシには遠く及ばない。
人類が高跳びでどれだけ記録更新しようとも、ワシやタカには遠く及ばない。
人類が重量挙げでどれだけ記録更新しようとも、アフリカゾウには遠く及ばない。
ところが頭脳となれば話は別だ。
犬やシャチやイルカは知能が高い動物で有名だが、人類と比べればお話にならない。
**「君たちは知恵を磨くことによって幸せになりなさい」**
神が人類に対して、この無言のメッセージを送っているのだ。
そして知恵を磨いた順番に人間の教養は高くなり、格式が決まるのだ。
これは私が独断で決めたことではなく、揺るぎない自然の摂理なのだ。
ありのままの現実を直視すれば、反論の余地はないはずだ。

**知恵を磨いて、人格を高める**

# 52
## 教養のない人は、すべての言動が間違っている。

私の本の読者には、自分が三流であることに気づき、三流の世界から一流の世界に引っ越しをしようと懸命に頑張っている人たちがいる。

そんな頑張り屋さんからよく、こんなメールやハガキが届く。

「一流の世界に入るのは難しい。いったい私の何が問題なのでしょうか？」

この問いに、ストレートに答えよう。

すべてが問題なのだ。

教養のない三流の人は、一流の人から見ればすべてが間違っているのだ。

より理解しやすいように具体的に述べると、
息遣い、歩き方、そして書店に入れば本の出し入れなどの些細な動作も含め、すべてにおいて、三流は三流なのだ。

**ただ、そこにいるだけで、三流は三流だとバレてしまうのだ。**

**厳しいかもしれないが、これがありのままの現実だ。**
だから、三流の人が近づいてきたら、
一流の人は気づかれないようにサッといなくなるのだ。
では、すべてが間違っているから三流は永遠に三流のままなのかと言えば、
そういうわけではない。
すべてを変えるためには、たった1つの〝本質〟を変えるだけでいい。
**本を読んで教養を身につけ、できる限り教養のある人と語り合い、**
**良いと思ったことはすぐに実行に移し、それを習慣化し、**
**悪いと思ったことは今すぐやめて死ぬまでやらない。**
たったこれだけのことで、確実に一流に近づいていく。
とりあえずやるべき最も大切なことは、今いる三流の人脈をすべて断ち切ることだ。
教養のない三流の人々の言動は、すべてが間違っているのだから。

ポイント
**三流の人脈をすべて断ち切り、一流を目指して精進する**

# 53
# 知識とは、力である。

あなたはどうして医者がふんぞり返っていられるのか、考えたことがあるだろうか。
それは医学という、人類で最強の知識を握っているからである。
だからお金を払っている患者が「先生、ありがとうございました」と深々と頭を上げ、
医者は座ったまま下を向き「お大事に」とボソッとつぶやくだけで許されるのだ。
**あなたもこの「知識とは力である」という人間社会の大原則を理解しておくことだ。**
ここ最近、極めて多くの底辺層が好き勝手な持論を展開するようになったが、
これも本質は同じだ。
インターネットでそこそこ使える情報をゲットできるようになったため、
誰もが「自分も力を握っている」と勘違いするようになった。
加えて、誰もが好き放題に情報を発信できるようになったため、
うっかり「自分が主役だ」と思い込んだ大衆であふれ返ってしまったのだ。

インターネットで問題なのは、誰もが情報発信できるようになってしまったことだ。しがない一般人までが情報発信できるようになったために、インターネット上の情報が、ほとんどジャンク情報に成り下がってしまった。

インターネットの情報がそこそこの質を保っていたのは、今から十数年前までではないだろうか。

「うわー、こんな論文が無料で読めるようになったなんて、すごい時代が到来したな」

「こんな統計、誰でも閲覧(えつらん)できるようにして大丈夫なの？」

そう驚いたのは90年代末から今世紀に入って、わずか数年くらいだった。

**そもそも誰もが好き放題に発信できるネットの情報がジャンク情報なのは当たり前で、質の高い知識を得たければ、高いハードルを設けて出版された書籍が一番だ。**

著者としてではなく、読者として、消費者として、つくづくそう感じる。

**ポイント**

**質の高い知識を選別し、確実に自分のものにする**

# 54

## 一流企業が公開する社員の学歴は、「こういう人が応募してね」というメッセージ。

一流外資系企業のHPの社員プロフィール欄で、一時期よく見られた傾向がある。
それは紹介された社員たちが輝かしい学歴のオンパレードだったことだ。
「東大卒」「ハーバードMBA」といった経歴がズラリと並び、人々の憧れを誘った。
最近はストレートに社員の学歴を掲載する企業とそうでない企業に分かれるが、
どちらもさりげなく自社の社員はエリート校出身ばかりとアピールしている。
私の就活時には、業界別にリーディングカンパニーが掲載された、
電話帳のように分厚い冊子がドカンと数冊送られてきた。
そこには名立たる企業の本社ビルと、見栄えのいい若手エリート社員たちの顔写真、
そしてやはり、彼らの学歴がドカンと掲載されていたものだ。
たとえ媒体は変わろうと、いつの時代も本質は変わらない。

私はこれらの一流企業で実際に働いたこともあるし、コンサル時代には採用のお手伝いをさせてもらったこともある。

**企業が公開する社員の学歴は、「こういう人が応募してね」というメッセージなのだ。もう少しストレートに表現すると、「こういう人しか応募しないでね」とほのめかしているのだ。**

一流企業にとって学歴とは、採用学生が教養のある優秀な人物であるという目印だ。

私の就活時、損害保険会社の上場企業は15社あったが、業界1位から業界最下位の15位まで、各社の採用案内に掲載された若手社員の学歴の下限は「早慶上智卒」だった。

社長の学歴もまさしくそれらと同じく、誰もが見栄えのする学歴ばかりだった。とりわけ大手金融機関では、社長の学歴が会社の格を決めると思われているようだ。

**仮に学歴を教養の「指標」とするなら、やはり学歴とは武器なのだ。**

**ポイント**

**学歴が社会を動かす力を持っていることを理解する**

# 55

# 就活で学歴が資格試験に勝るのは、それが18年間の集大成だから。

一流企業の就活では、学歴が何よりモノを言う。

では、資格はどうだろう?

私が採用活動をしていた頃、学生の履歴書でよく見かけたのが、「英検準1級」「TOEIC780点」「宅建」など、B級資格や検定のオンパレードだった。

これらは確かに取得が容易ではないし、応募者が努力家であることは認める。

だが、就活において「一流大学卒」に匹敵する価値を持っているかと問われれば、「それはない」としか言えない。

これらの資格を持っている人、持っていない人を三流大学生同士で比較すれば、もちろん、資格保有者のほうが勝ちだ。

**だが、「資格を一切保有しない一流大学生」vs「三流大学生のB級資格コレクター」で**

**比較すると、ほとんどの企業では前者の圧勝だ。**

もちろん、それにはきちんとした理由がある。

**B級資格コレクターが大学入学後の〝数年間〟の努力の集大成であるのに対し、一流大学への合格は生まれてから〝18年間〟の努力の集大成と判断されるからである。**

一流大学に入学するためには、高校3年時の1年間だけ猛勉強すればいいと考える人がいるが、完全に間違いだ。

仮に「1年間、猛勉強して一流大学に合格した」と主張する人がいるとしても、本当は生まれてからの努力の継続が、1年間のラストスパートで報われただけだ。

「教養とは継続力である」とはすでに述べたが、企業側にとっても、継続できる人物とは信頼に足る人物なのだ。

就活の学歴に限らず、世間では何かを20年ほど継続すると評価されるということだ。

ポイント

**努力を継続することの価値は、思っているよりも大きい**

# 56

# 行動力だけの人は兵隊止まり。教養を纏(まと)った人がリーダーになる。

ビジネスで勝ちたければ、戦争について書かれた本を読んでおくといい。

ビジネスはたびたび戦争に例えられるが、あくまで戦争の疑似体験でしかなく、その切迫感は殺し合いをする本物の戦争にとても及ばない。

戦争論を読んでいて面白いのは組織論で、ここでも重要になるのが教養だ。

たとえば行動力にあふれる兵隊は、優秀な兵隊にはなれてもリーダーにはなれない。

なぜならこうした人間は参謀本部に置くよりも、現場に兵隊として派遣して、頭脳より行動力で貢献してもらうのが組織に一番都合がいいからだ。

**つまり、何でも「ハイ、ハイ」と聞いてよく動く人間は、上官は使いやすいが、リーダーとして組織を任せることはできないと判断されるのだ。**

大前提として、行動力とはとても大切な能力だ。

だが、「コイツはバカじゃないな」と思わせる片鱗(へんりん)を、さり気なく上官に見せておかないことには出世できない。

たとえば戦地では頻繁に、休憩の機会が設けられる。

なぜなら兵隊は生身の人間であり、休憩を取らなければ戦力が低下してしまうからだ。

そうした休憩の場は、兵隊たちが各自の教養を披露する格好のチャンスとなる。

絵が得意とアピールすれば、上官の肖像画を描くことを任せられるかもしれないし、文章が得意とアピールすれば、戦地の記録を書き留めることを任せられるかもしれない。

**何かの分野で突出した教養をアピールしておくと、上官から「コイツはいつまでも兵隊にしておくような人材ではない」と評価される。**

もちろん上官はこのことを幹部にきちんと報告するから、教養をまとっている兵隊は、どんどん出世してリーダーになるわけだ。

豊富な戦争経験者である徳川家康も「功には禄(ろく)を、能には職を」という名言を遺した。

この場合〝功〟とは行動力による実績であり、〝能〟とは教養のことである。

**ポイント**
**得意分野はお洒落にアピールし、リーダーに自分を認めさせる**

# 57

# 本物の教養には、畏怖の念を抱かれるのと同時に一滴の愛情が詰まっている。

このところ、お手軽な「調整役リーダー論」が流行しているようだ。

それだけ〝自称リーダー〟が増えた証拠だし、リーダーのふりをしているだけでも生きていけるようになったのだろう。

もちろん本当のリーダーとは、そんな甘っちょろいものではない。

本当のリーダーとは教養がある人物でなければならないし、部下には畏怖の念を抱かれていなければならない。

私は物心ついてからずっと学級委員や生徒会の役員を務めてきたし、大学時代の部活や社会人になってからもリーダーを務めてきた。

立候補してから多数決で決まったこともあるし、一方的に任命されたこともある。

**どちらにせよ、リーダーになった際に私がいつも心掛けていたことは、**

**「好かれるのではなく、畏れられる必要がある」ということだ。**

もちろん小学校の頃にこんな考えは言語化できていないが、
本質的には、これと同じことを常に意識していた。

その証拠に私のことを「千田」と呼び捨てする同級生はいなかったし、
普通は「千田君」、ごく親しい友人だけが「せんちゃん」と呼んでいた。

「呼び捨てにするな」と口にしたことは一度もないが、自然にそうなっていたのだ。

「恐」ではなく「畏」という字を使ったのは、意味がまるで違うからだ。

「畏」というのは自分より格上に対して抱く、敬意を込めた近寄りがたい感情だ。

**畏怖の念を抱かせるためには、物事を深く考えて洞察力を磨き、言葉に重みを持たせることが必要だ。**

つまり圧倒的な教養を身につけることが、畏怖の念を抱かせるためには必要なのだ。

その上でリーダーは、厳しさの中に一滴の愛情を振りかけておけば申し分ない。

ポイント
**物事を深く考え、言葉に重みのある人を目指す**

58

# ビジネス書の著者がヒットするためには、1に学歴、2に職歴、3に年収。

どんな職業にも経歴はついて回るが、これは私の属するビジネス書の世界も同じだ。

試しに、ビジネス書の著者プロフィールをじっくりチェックしてみるといい。

かなりの確率で「高学歴」「有名企業」「高収入」をアピールしているはずだ。

中にはこれら3つの条件のうち、1つか2つしか満たしていない著者もいるが、その場合、何かのジャンルで日本一や世界一であったり、ビジネス界の大物と超強力なコネクションを結んでいたりするものだ。


**綺麗事を抜きにして、ビジネス書の著者となるための資格は「経歴」と「年収」だ。**

**「1000人中1番」くらいのレベルになれないことには、本当のプロとしてやっていくのは難しい。**


たとえばこれを、経歴の世界に絞って考えてみよう。

東大卒は同世代人口の約0・25%であり、400人中1番ということになる。

極めて優秀だが、これだけではビジネス書著者としてやっていくにはちと苦しい。
ただの東大卒という経歴では、「慶應卒→電通」という人にも負けてしまう。
慶應卒は、同世代人口の約3％以内であり、100人中3番である。
さらにそこから電通の水準にある会社に内定するためには、
慶應の中で上位5％に入っておく必要があるとする。
その場合、3％×5％＝0・15％となり、1000人中1・5番という計算になる。
つまり「ただの東大卒＝0・25％」よりも
「慶應卒→電通＝0・15％」のほうが希少価値は上なのだ。
慶應卒→電通→独立して年収3000万だとか、
マスコミに取り上げられるほどに注目される生き方をすることで、
1000人中1番の壁をブレイクスルーできるというわけだ。
あなたも才能や経歴の掛け算をして、「1000人中1番」を探して磨くことだ。

**ポイント**

**自分の価値を客観的に把握し、底上げの工夫を考える**

59

# 小説家がデビューするためには、メジャータイトルを獲得すること。

「千田さんのようなビジネス書著者になりたかったのですが、自分は経歴的に無理だと悟り断念しました。つきましては今度は小説家で勝負したいと思います！」

ここ最近は、こうした小説家志望者たちから手紙やメールをもらうことが増えてきた。

一度ちゃんと答えようと思っていたので、この機会に私の見解を述べておきたい。

もちろん、小説の専門的なことはしかるべき専門家に聞くべきだが、

ここでは私ならではのアドバイスをさせてもらう。

どんな分野でも「1000人中1番」になれないようでは

本当のプロとしてやっていくのは難しいことは、すでに述べた通りだ。

小説家の世界も例外ではなく、小説家として生きることは、

プロスポーツ選手やミュージシャンとして生きることと同じくらいに厳しい。

だから、私も厳しい現実を伝えなければならない。

**小説家としてデビューするには、メジャータイトルを獲得することが基本だ。**

**メジャータイトルを獲得すれば、少なくともその作品だけは本にしてもらえるからだ。**


たとえば芥川賞や直木賞は別格として、それに準ずる文学賞を獲得する難易度は、最低でも数百倍の競争率を勝ち抜かなければならない。

通常300作品から500作品の応募があり、その中でめでたく1作品が受賞する。場合によっては〝受賞作なし〟で終わる回も珍しいことではない。

応募者はみな、原稿用紙数百枚分の作品を書き上げるエネルギーの持ち主であり、この時点で内容に関係なく、すでに競争の第1段階を勝ち抜いたことになる。

実際の競争率は300倍から500倍だが、

「間に合わなかった」「書き切れなかった」という多数の断念者を含めれば、やはり1000人中1番、いや、それ以上の勝者になる。

仮に学歴は中卒でも、メジャータイトル獲得には圧倒的な教養と才能が不可欠だ。

**ポイント**
**目標到達までの工程と、それに必要なエネルギーを計算する**

# 60

## すべてのジャンルで売れ続ける著者の共通点は、作品に教養が垣間見られること。

小説の話を続けよう。

書店に行くと、本当に様々なジャンルの本が並んでいる。

小説と言っても、純文学・ミステリー・ライトノベル・官能…と幅広い。

ビジネス書と言っても、経済系・経営系・業界本・コーチ本・自己啓発…と幅広い。

旅行やスポーツの専門誌もあれば、占い本も相変わらずの人気だ。

お洒落関係の本も多いし、哲学書もちゃんとコーナーを設けられている書店が多い。

子ども向けの絵本コーナーには、遊び場や机と椅子まで用意されていることもある。

もちろんそれらの各分野ではさらに細かいジャンルに分かれている。

ちなみに出版業界でダントツＮ０・１の市場は漫画本だ。

これは、多くの書店の漫画本売場が占める面積を思い出せば一目瞭然だろう。

漫画本は書店をはじめ、出版業界を支えている大黒柱なのだ。

**私は年に何度か、自分がそれほど関心のない分野の本の売り場に足を運ぶ。**

**そしてそこで必ず、〝これまでの自分なら絶対に読まなかった本〟を買う。**

自分の人生の幅を広げたいと思うからだ。

そうした習慣から、すべてのジャンルで売れ続ける著者の共通点に気づかされる。

ありとあらゆる分野において人気の著者がいるわけだが、

彼らの共通点は作品に教養が垣間見られることだ。

たとえば私はビジネス書分野が自分の土俵だが、

この分野で長年勝ち続けている著者は小説を好んで読む傾向が強い。

**ビジネス書と小説には何ら関係がないように見えるかもしれないが、そうではない。**

**小説からは豊富なボキャブラリーやレトリック、そして人間洞察力を学ぶことができる。**

漫画本でも売れ続ける著者の作品からは、あちこちから教養がにじみ出ている。

ポイント

**どんな分野でも、教養は〝武器〟となる**

教養こそが、
人類最強の武器である。

# CHAPTER 7

# 顔と教養

# 61

# 頭の中身は、歳を重ねるごとに顔に露呈する。

人の顔というのはつくづく興味深い。

**どんなに美人であっても無教養では確実に魅力がなくなるし、本当の意味での「いい男」からは絶対に相手にされない。**

それに対し、もともとはごく普通の容姿でも、あふればかりの教養があることで、歳を重ねるごとに魅力的な顔つきになってくる。

男性の場合はもっとシビアで、どんなにイケメンであっても、明らかに頭が悪ければ、水準以上の女性からは見向きもされない。

それどころか、嫌悪感まで抱かれる。

その証拠に、ルックス重視と思われているホストクラブでさえ、人気の序列は容姿ではなく完璧に頭脳の順である。

ごく普通の容姿でも、教養があれば本当の意味での「いい女」からモテモテ状態だ。

美人やイケメンであることよりも、知的な顔をしているか否かが、素敵な異性を吸い寄せるための決定打ではないだろうか。

特に最近は男女とも、20代と区別がつかないくらいに30代が若返っている。

男性も肌が綺麗になってきているし、女性に至っては本当に美人が増えたと思う。

そこで、「違い」を見せる本当の勝負のステージが40代へと移行した。

40代になれば、どんなに若作りをしても20代には見えないから、男女を問わず内面がモロに露呈されるのはご存知の通りだ。

**40代から「これまでどれだけ頭脳を鍛えてきたか」が顔に出てくるのだ。**

**40代になって急に周囲からなめられ始めた人は、きっと無教養な顔に見えるからだ。**

エステに通うのも悪くないが、中身を鍛えることを決して忘れないことだ。

ポイント

**外見以上に熱意を持って、内面を磨いておく**

# 62

# 「何となく合わない」と感じた顔は、やっぱり合わない。

「人を外見で判断してはいけません」

あなたは親や学校の教師からそう繰り返し教わったのではないだろうか。

もちろんお子様の模範解答としてはそれが正解だった。

ところが社会人になってからそれを愚直に実行し続けていると、たびたび痛い目に遭うし、場合によっては取り返しのつかないことにもなる。

誰もが口にしなかったけれど本当は薄々わかっていること、それは「何となく合わない」と感じた顔は、やっぱり合わないということだ。

夫婦は結婚すると顔が似てくると言われることがあるが、それはもともと、どことなく顔が似ている相手をお互いに選んでいるからだ。

顔つきが似ている相手とは、同じ種類の人間ということであり、一緒に人生を歩みやすいと無意識のうちに本能が判断しているのだ。

**つまり、「何となく合わない」という直感はたいてい正しいということだ。**

**「何となく合わない」と直感したということは、顔つきが違うということであり、教養レベルが異なる別の人種だということだ。**


一緒に人生を歩もうとしても、教養レベルや方向性が合わない可能性が高いのだ。

学生時代に、最初は仲が良かったのに次第に疎遠になった友人がいただろう。

それは、顔の種類があなたと違ったからだ。

顔の種類が違ったから、お互いに疎遠になるように本能が仕向けてくれたのだ。

反対にパーティーや街中で偶然誰かに声をかけられて、その相手にキュン！ときたことがあれば、それは顔が同じ種類だったのだ。

**あなたの運命の人とは、その顔にどことなく好感が持てる人のことだ。**

**顔に嫌悪感を抱く相手には、とりあえず自分からは近づかないほうがいい。**

ポイント

**人物を判断する際に迷ったら、顔で決めていい**

# 63

## 面接に通りやすい人は、知的な眉をしている。

**これまで数多くの面接をしてきたが、面接に通りやすい人にはある特徴があった。それは知的な顔をしているということだ。**

どんなに美人やイケメンでも、知的に見えない人は必ず敬遠される。

では、知的に見える顔と見えない顔はどこが違うのか？

それは眉で決まるのだ。

実際に知的かどうかは別として、人は無意識にそうやって相手を判断している。

知的な眉は太くてキリッとしているが、そうではない眉は薄くてまとまりがない。

だからたまにお見かけする、眉を細く剃（そ）って尖（とが）らせている人は、

就活の面接という観点からすると絶望的だ。

私も数々の面接に立ち会い、こうした尖った眉の持ち主に遭遇したわけだが、

ほぼ１００％の確率で落とされていた。

面接官たちのコメントは漠然と、
「頭が悪そう」「性格がキツそう」「生意気そう」など印象を語るものが多かったが、
私は「きっと本当は、あの尖った眉のせいだな…」と独自に分析していた。
そしてこれとは逆の立場で、面接を受ける側からアドバイスを求められた場合、
眉を細く剃って尖らせてはいけないことを強調して伝えたものだ。
〝眉テンプレート〟でお絵描きするのは個人的には行き過ぎとも思うが、
整髪料を少しつけて色艶(いろつや)をアップするくらいはしてもいいのではないだろうか。
ただ、そんなことより本当は、普段から読書しながら物事を深く考え、
教養を身につけていくことで眉の形は変わってくる。
**知性を磨くことで表情がシャープになり、**
**その特徴が真っ先に眉に現れるのだと私は信じている。**
本当に知的な眉というのは、あなたが読書をしている最中の眉なのだから。

ポイント

**知性が眉ににじみ出るほど、読書で思考を深めよう**

# 64

## 就活や婚活では、「女性の容姿＝男性の学歴」である。

就活や婚活において、女性の1次予選が「外見」であることはお察しの通りだが、男性の1次予選とは何だろうか。それは「学歴」である。

これはインターネットで就活や婚活のサイトを閲覧してみれば一目瞭然だし、実際に現場で働くプロたちにストレートに聞いてみればすぐにわかる。

就活を経験した学生の誰もが気づかされるように、女性は美人であればトントン拍子で次々に面接が進むのに対して、男性は一流大学の学歴を掲げれば、どんな一流企業にも確実にエントリーできる。

婚活サイトで女性が面談候補者をゲットする場合、顔写真はもちろんのこと、全身が写った写真や、身長とスリーサイズを告知するのが必須であるのに対して、男性は学歴・職業・年収の告知が必須であることが多い。

つまり、就活や婚活では「女性の容姿＝男性の学歴」なのだ。

これらが就活や婚活という人生のマーケットで求められるということは、どうやら女性の容姿や男性の学歴は〝値札〟や〝包装紙〟の役割を果たしているようだ。

**男女ともに、最終的に問われるのが「中身」であることは当然として、何か新しいことに挑む場合、何事も1次予選をクリアしないことには始まらない。**

**だから「女性の容姿＝男性の学歴」という現実を直視しておくことは、この競争社会で生き抜くための立派な教養だ。**

就活や婚活を敢然と勝ち抜いた人々は、これらの現実をよく知っていたのだ。

最初からこれらに恵まれていないにもかかわらず就活や婚活に勝ち抜いた人たちは、少なくとも「女性の容姿＝男性の学歴」という本質を見抜いて予選を通過したのだ。

綺麗事を抜きにすると、過半数の男女はこれらを獲得できていない。

だからこそ現実を直視しつつ、どうすればボーダーラインを超えられるのか、本書でその方法を見つけてほしい。

**ポイント**

**厳しい現実を直視し、その打開策について深く考える**

# 65

# 人が本心を打ち明けられるのは、自分の教養レベルと近い相手だけ。

**実を言うと、人が本心を打ち明けられるのは、**
**自分の教養レベルと相手の教養レベルが近い場合に限られる。**
**なぜなら教養レベルの違う相手に何を話しても、その真意が伝わることはないからだ。**

あなたが教養レベル100として、相手の教養レベルが30だとしよう。
あなたが溜息をついて口にした「辛い…」という言葉を相手は断片的に解釈し、
笑顔で「それは大変だねぇ〜」と元気に即答するかもしれない。
これが相手の教養レベルが110とか120だとすればどうなるだろうか。
あなたの口にした「辛い…」という言葉を溜息と一緒に深く嚙み締め、
「…」の部分を洞察しながら、黙ってコーヒーを淹れてくれるかもしれない。
**教養の高い人が、教養の低い人と感情を共有することは極めて難しいのだ。**
私はコンサル時代、顧問先の従業員と面談を繰り返しつつヒアリング調査をしたが、相手が本心を打ち明けてくれない限り、組織改善のヒントは見つからなかった。

そこで行き着いたのが、相手に教養レベルを合わせて聞き取りする方法だった。

こちらは相手と合意の上で、入社時の履歴書や職務経歴書を提供されていたから、それらを熟読し、相手の教養レベルを完璧に把握して面談に臨んだ。

たとえば地方の名門進学校を出ていながら高卒で終わった相手へのヒアリングなら、プライドの高い落ちこぼれである可能性が高いため、

「大学の話題はタブー」とプロジェクトメンバー間で情報共有を徹底した。

その上で相手の口から出身校の自慢が出てきたら、その話題に乗って褒めちぎり、本音をどんどん引き出したものだ。

あるいは元暴走族やチンピラを自称する相手には、バイクや女性の話題を共有した。

元暴走族やチンピラは一度打ち解けると態度を豹変(ひょうへん)させて、今度は依存してくる人間が多いと判明したためだ。

**ポイント**

**相手の感性を理解し、寄り添える洞察力を身につける**

66

# 男女とも40代で教養格差が目も当てられないほど明確になる。

容姿に差が出てくるのが40代であり、教養の格差が明確に出てくるのもやはり40代であることはすでに述べた通りだ。

40代の教養には2通りの重要性がある。

まずは30代までに身につけた教養の蓄積であり、これだけで40代は、人生に何不自由なく生きていける。

30代までに教養を磨いてきた成果がいよいよ40代に花開くわけだから、人としても魅力的でモテモテになるだろう。

**40代から急にモテ始める人がいるが、それは30代までの教養の蓄積のおかげだ。**

次に60代以降の準備として、40代はさらに教養を磨き続ける時期でもある。

すでに今、周囲を見れば明白なように、現役でバリバリ働く60代が増えてきた。

これからますますそうなることは目に見えている。

恐らくこの先、90歳くらいまで当然のように現役で働く時代が到来するから、60代以降が「人生の本番」ということになる。

**これまでのように60代で隠居生活が始まるのではなく、60代から本番なのだから、40代で下ごしらえをしておかないと、人生の後半が退屈になるのは明白だ。**

60歳から人生をスタートさせて輝いている人たちに共通して見られるのは、例外なく40代で教養を磨いていたことだ。

もちろん60代でも引き続き恋愛は盛んになるだろうが、さすがに60代以降でモテるためには教養こそが決定打になることは私が語るまでもないだろう。

ポイント

**知性を身につけ、歳を重ねるほどに魅力を輝かせる**

# 67

# 教養のある人は、キョロキョロしない。

学校や職場で、なめられやすい人が必ず1人はいる。

いわゆる、いじめられっ子というヤツだ。

いじめられっ子になりやすい人間の特徴をじっくり観察していると、キョロキョロしていることが挙げられる。

いつもキョロキョロしているから、

つい、ちょっかいを出してからかいたくなってしまうのだ。

ちなみに、ちょっかいを出してからかっている〝いじめっ子〟を追跡調査していくと、100％の確率で、〝元いじめられっ子〟であることが判明する。

**元いじめられっ子は、目の前のいじめられっ子の様子を見ていると、昔の自分の姿を見ているようでいたたまれなくなり、つい攻撃してしまうのである。**

元いじめられっ子のこうした逃避行動こそが、いじめの本質なのだ。

そうした負のスパイラル人生から脱却するためには、キョロキョロするのを今すぐやめることだ。

**元いじめっ子に目をつけられるアイコンが「キョロキョロ」なのだ。**

**キョロキョロするのをやめると、あなたは途端に知的に見える。**

道を歩く際にキョロキョロしない。

訪問先でキョロキョロしない。

仕事中にオフィスでキョロキョロしない。

カフェでキョロキョロしない。

電車の中でキョロキョロしない。

キョロキョロをやめた後は、教養を磨くことだ。

目のやり場所に困るなら、空き時間には文庫本を読む習慣を持てばいい。

道を歩く際には25m先を眺めながら歩いていると、知的で教養ある人物に見える。

**目の前の出来事に真剣に向き合い、雑念を排除する**

# 68

# 教養のある人は、相手を威嚇（いかく）する服装をしない。

無教養な人の特徴の1つに、相手を威嚇する服装をしていることがある。

威嚇する服装をしている人は、威嚇する顔をしている。

**なぜなら服装とはその人の心が顕在化（けんざいか）したものであり、服装を見れば、その人が何を考えているのかがよくわかるからだ。**

威嚇する服装をしている人は、威嚇したい人なのだ。

どうして威嚇するかと言えば、率直に申し上げて頭が悪いからだ。

無教養で頭が悪いから、相手を威嚇してお手軽にビビってもらおうとしているのだ。

これは暴走族やチンピラを見ていればよくわかる。

威嚇する服装を見事に着こなして、
なんとか一目置かれようと、無い知恵を絞って必死に努力している。

威嚇して相手にビビってもらえないとアイデンティティを喪失してしまうから、

彼らにとって、それはそれで正しいのだ。

だからと言ってあなたまで威嚇する服装をしていては、もったいないことになる。

「うわっ、あの人は三流だったのか！」と、一流の人々があなたから離れていくだろう。

たまに、ヤンキーファッションをアピールする東大生や弁護士を見かけるが、
これまでいじめられてきた鬱憤を晴らしたいという気持ちが服装に露呈している。

服装で威嚇するだけあって、彼らの特徴は実力が伴わないことだ。

エリートの入口に立ったところまでは偉いと認めるが、そもそもその先が本番だ。

彼らはそこで満足してしまったために、
さらなる実力の向上を放棄して他者を威嚇する行為に走ったのだ。

あなたがエリートか、エリートでないかにかかわらず、
**威嚇する服装をするということは、未来を摘み取る行為だ。**

**教養のある人は服装で威嚇などせず、あふれる知性で勝手に一目置かれるものだ。**

**ポイント**
**服装ではなく、知性で一目置かれる**

# 69

# 教養のある人は、業界人ぶらない。

「業界人」という言葉がある。
業界人ぶっている人間の大半は、業界下位の組織の末端社員が多い。
特に業界人ぶる人間が多いのは、やはりマスコミだろう。
マスコミとは新聞・雑誌・テレビ業界のことだ。
業界人ぶっている人々は、単にだらしないだけなのだ。
私がこれまでに出逢ってきた業界人の特徴を述べておこう。
服装が汚らしい。
敬語が使えない。
時間が守れない。
要は、学生気分が抜けていない人たちなのだ。
もちろん同じ業界でも、業界上位の会社でしかるべき役職に就いている社員は、きちんとした服装で、きちんと敬語を使い、時間を死守する人が多い。
つまり、教養のある人はどんな業界で働いていても、業界人ぶらないのだ。
**どうして業界下位の会社の末端社員ほど業界人ぶるのかと言えば、理由は簡単だ。**
**自分に自信がないからだ。**
自分の無能さを誰よりも自分が一番よく知っているから、
業界の力を借りて不良ぶっているだけなのだ。
業界の力を借りて不良ぶっていると一流の人や会社から嫌われ、
ますます売上が落ちて、その人たちが属する会社のランクが下がるのだ。
こうした単純な世の中のカラクリを理解できずにイキがってしまうのが、
業界人ぶる人間の無教養さなのだ。
**教養のある人は自分のことだけではなく、**
**自社や業界のことまでを考えて行動するために、自然と謙虚になるのだ。**

ポイント

**自分を大きく見せず、常に謙虚に振る舞う**

# 70

## 「面白くないから笑わない」は、何の自慢にもならない。

最近は悪しき平等主義の影響のためか、

「面白くもないのに笑わない」を善とする風潮があるように思う。

特にランクの低い会社や、そこで働く人々にその傾向が強い。

つまり教養のない人たちの間で「面白くないのに笑わない」という行動が、

ちょっとした自慢の種になっているのだ。

相手の話に笑ったら自分が負けたことになる、という気持ちはわからないでもない。

だが、そうやって虚勢を張って笑わない行為は、

目上の相手に嫌われるだけで、実際は何の得にもならない。

お笑い芸人がよく口にするように「笑いとは力関係で決まる」のだ。

**つまり、弱者にとって強者の前では笑うように努めるのが自然の摂理であり、**

**分をわきまえているという証拠なのだ。**

**こうした自然の摂理に背く（そむ）ということは、幸せにはなれないということだ。**

面白いから笑うのではなく、笑うように努めるから、その場が面白くなるのだ。

サラリーマン社会を見ていればよくわかるが、

**「面白くないから笑わない」という人は絶対に出世しない。**

**先輩にも上司にも嫌われるから、どんなに有能でも出世はできないのだ。**

独立してフリーランサーになっても、これは同じだ。

最初の駆け出しのうちは、仕事をもらうためには面白くなくても笑わなければならない。

どんなに成功している人でも、最初の駆け出しの頃があったのだ。

最初の駆け出しの頃を見事にクリアしたからこそ、成功者になったのだ。

仮にサラリーマン社会で出世を目指していなくても、独立して成功者を目指さなくても、虚勢を張って貧しい人生を歩むより、笑いながら応援されたほうが人生は楽しい。

**ポイント**

**カッコつけて笑わないことが、一番ダサい**

# 貌（かお）は、読書で創る。

# CHAPTER 8

## お金と教養

# 71

# 教養のない人がお金持ちになっても、それは下流の成功だ。

「バカでもお金持ちになれれば勝ちだ」

「学歴が低くても成功者はたくさんいる」

そういうセリフを一度や二度ならず耳にしたことがあるだろう。

確かにバカでもお金持ちになれるし、学歴が低い成功者もいることはいる。

また、そういう人が本を書いていたり、セミナーのカリスマ講師だったりするものだ。

だが、本書の読者にはもう少し本質的な話をしたい。

**確かに教養のない人がお金持ちになることもあるにはあるが、多くの人から認められて尊敬されることはない。**

なぜなら教養のない人がお金持ちになっても、それは下流の成功だからである。

実を言うと、社会には2通りの成功がある。

それは上流の成功と下流の成功だ。

教養のある人がお金持ちになることを上流の成功と呼び、無教養な人がお金持ちになることを下流の成功と呼ぶ。

成功者たちをじっくり観察していればすぐにわかるが、**上流の成功者は上流同士で親睦を深め、下流の成功者は下流同士で親睦を深める。**

**そして、上流と下流の間で、お互いの溝が埋まることは永遠にない。**

下流の成功者は上流の成功者に媚びてちょっかいを出してくるが、単発の交流はともかく、長期的に関係を深めることは不可能だ。

なぜなら上流の成功者と下流の成功者の話は価値観が違うから嚙み合わないからだ。

低学歴の成功者が尊敬されたのは、明治からせいぜい戦前生まれまでの話だ。

現代は、下流の成功者当人がどう思っているかは別として、上流の成功者からは、心から認められることなどはない。

せっかくこの世に生まれたのだから、まずは教養を深めて上流の成功を目指そう。

**ポイント**
**勉強を積み重ねて人格的に成長し、上流の価値観を手に入れる**

# 72

## 下流の成功者は、下流同士でしか交われない。

あなたがもし成功したら、必ず下流の成功者たちからお声がかかる。

**下流の成功者は髪型や服装が派手であり、**
**無教養さがにじみ出ているからとてもわかりやすい。**

そうした人間がよく見られる業界が、マルチ商法やその周辺のビジネスだ。
社会勉強として、試しに一度、会ってみる価値はある。
あなたが上流の成功者だと察知したら、彼らは必ずこうして声をかけてくる。
「友だちになっていただけませんか？」
これはどういうことかというと、自分の部下や信者たちに向かって
「俺はあの人と友だちだぜ！」と公言したいためだ。
そして成功者には断りもなく、インターネットで動画を流したり、
ツーショット写真をＨＰにベタベタ貼りつけたりする。

もっと図々しいのになると、メルマガで勝手に会談時の音声を配信し、親しい間柄だとアピールする。

部下や弟子も無教養だからすっかり信じてしまい、ますますその人間にこき使われ、お金をむしり取られるというわけだ。

こういう下品な生き方をしているから、下流はいつまで経っても下流から抜け出せないのだ。

そして上流の成功者たちから「アイツはブラックリストに入れよう」と除外され、一生涯上昇することのできない下流人生が確定するのだ。

ひょっとしたらあなたも下流の世界に足を踏み入れているかもしれないから、下流の成功者の見分け方を教えよう。

**その成功者の直属の部下や信者の顔をパッと見て、無教養そうに見えたらそれは下流だ。**

派手な服装やメガネ、奇抜な髪型は無教養の証だと考えていい。

ポイント

**成功しても、下流のコニュニティとは交わらない**

# 73

# 下流の人間が上流に潜り込むには、教養しかない。

私は根がコンサルタントだから、

顧客にはまず、ありのままの現実を突きつけてしまう性分だ。

「このままでは下流で終わってしまう」

「下流の成功者では終わりたくない」

あなたがもし本気でこのように悩んでいるなら、その突破口をお伝えしよう。

**下流の人間が上流に潜り込むためのパスポートは、教養しかないということだ。**

その昔、卑（いや）しい身分の女性が地位の高い男性と結婚するためには、

歌や踊りや楽器という芸術を習得する以外に道はなかった。

だから卑しい身分の一族は〝これぞ〟という優秀な娘に

なけなしのお金を注ぎ込み、様々な教養を身につけさせたのだ。

もし、めでたく殿様の嫁になれれば、一族が豊かな人生を送ることができる。

だから、娘の教育にお金をかけるのは最高の投資だったというわけだ。

これは日本以外でも同じで、下流の人間が上流の世界に入り込むためには、音楽などの芸術や学問で才能を開花させ、王族や貴族に認められる以外に道はなかった。

**もしも学歴が足りないことを自覚しているのなら、大検や社会人大学入学制度を活用して、学歴の化粧直しをしてしまえばいい。**

一流の仲間入りは難しくても、下流のまま人生を終えることはなくなるだろう。

また、こうした即効性の強いやり方ではなく、本質的な教養を身につけたいのなら、1年ごとに目標を決め、休日はすべて勉強と割り切って学問に没頭すればいい。

1年ごとに1テーマずつ勉強してもいいし、同じテーマを毎年掘り下げていくのもいい。

20年もこれを繰り返して継続すれば、確実にあなたは教養人の仲間入りを果たすことができるだろう。

これだけは断言してもいいが、上流の世界は教養のある人にはとても寛容だ。

ポイント

**学問や芸術で才能を磨いた人間に、上流の社会は門戸を開く**

# 74

# 100万円を貯め込むより、100万円で勉強する。

貯金するのは悪いことではない。

だが、貯金だけで人生を終えてしまうのはもったいない。

**もしあなたが20代で自分の年収1年分の蓄えができたなら、そこからはみ出した分のお金は、すべて勉強に使ったほうがいい。**

たとえば現在、あなたが26歳で年収300万円だとしよう。

26歳にして300万円程度の貯金があれば申し分ない。

もし会社が倒産したとしても、

1年分の貯えがあれば、そこからすぐに人生を立て直すことができる。

だが、それ以上を貯めようとすれば、自分が向上するための勉強ができなくなる。

貯金は300万円までとして、はみ出した分は勉強代に回すのだ。

習い事をしてもいいし、これまで以上に本を買ってもいい。

様々なセミナーに参加するのもいいし、海外旅行に行くことだって立派な勉強だ。
仮に年間で100万円を習い事に回すとすれば、
その世界で一流の先生に、週一のペースで1年間も教わることができる。
一流のトレーナーに筋トレを習えば、それは一生モノの財産になる。
一流のダンサーにダンスを習えば、それは一生モノの財産になる。
一流の英語講師に英会話を習えば、それは一生モノの財産になる。
最悪の場合、お金の財産は盗まれる可能性があるが、
勉強して頭に入れた財産は誰にも盗まれる心配はないのだ。
本代に年間100万円使っている人もこれは同じで、
**100万円分の本を読んで頭に入れてしまえば、もはや誰にも盗まれることはない。**
**本当の財産とは株や不動産ではなく、目に見えないあなたの頭脳なのだ。**
世界の大富豪たちも、自分の最大の財産は自分の頭脳だということをよく知っている。

ポイント

**現状に満足せず、将来に投資して向上する道を探る**

# 75

## 教養のある投資家は、まず手をつけない生涯賃金を確保する。

コンサル時代、私は投資家と呼ばれる人種と出逢う機会が多かった。
自分の顧客にも投資家はいたし、外資系の投資会社とも仕事をしたことがある。
そして投資家の周辺には、極めて多くの投資家仲間がいたものだ。
それらの経験を通して私が痛感したのは、投資には教養が不可欠だということだ。
もう少しストレートで、わかりやすい表現を使おう。
**投資の世界で長期的に成功している人たちは、結局のところ高学歴ばかりだった。**
高学歴の投資家すべてが長期的に成功しているわけではなかったが、
長期的に成功している人々は、高学歴ばかりだったのだ。
中卒や高卒でも、勢いのいい投資家もいるにはいた。
だが私の周囲に限って言えば、いずれもごく短期間のうちに消えている。
中卒や高卒の投資家自体は数多く存在したため、「絶対数」の問題ではない。

私はこうした事実から、安定した蓄えを持たず、
教養のない投資家と取引してはいけないことを学んだ。
長期的に成功している投資家たちの特徴は、
投資を始める以前にまず、手つかずの生涯賃金を確保していたことだ。
仮に生涯賃金を2億円とすれば、まるごとそれを銀行の貸金庫に入れておく。
実際に貸金庫に入れる必要はないにしても、
とにかくそれくらいの覚悟で「手をつけない」と決断するのだ。
すると、万が一投資に大失敗して100億円が消えたとしても、人生は終わらない。
愛する家族にも迷惑をかけずに、平凡で平和な余生を過ごすことができる。
**教養ある一流の投資家がなぜ思い切った決断を下せるかと言えば、**
**決断という行為には「心の安定」の確保が不可欠だと知っているからだ。**
安定を確保できていない人間が思い切って決断すると、いずれ身を滅ぼすことになる。

ポイント

**重要な決断の際には、十分な蓄えをして心に余裕を持つ**

# 76

# 教養のある投資家は、直感や運に頼らずあくまでも確率で考える。

投資家は学歴の高い人のほうが長期的に成功しているという話はすでに述べたが、その理由を知るために私は彼らの投資哲学を傾聴したものだ。

その結果明らかになったのは、

**優秀な投資家は運に頼るギャンブラーではなく、あくまで確率に基づいて考える傾向が強いということだった。**

世界の名立たる投資家の経歴を見ても、揃いも揃って高学歴者ばかりだ。

長年世界一に君臨し続ける投資家ウォーレン・バフェットにしても、コロンビア大学のビジネススクール出身である。

これに対して無教養な投資家は直感や運に頼り切り、一時的に儲かったかと思うと、次の瞬間には文無し（もんな）しどころか借金漬けになって夜逃げしていたりする。

学生時代から億単位のお金を動かしたと豪語する20代の若者と話をしたことがあるが、三流私立大学中退の彼は、翌年にはもう借金取りに追われていた。

漫画『「カイジ」シリーズ』を読むと、まさにこれと同じ内容を学ぶことができる。

主人公の若者が直感や運に頼っているうちは負け続けるが、途中から追い込まれてすべてを確率で考えるようになって逆転する。

**投資など、勝ち負けがはっきり数字で見極められる勝負においては、「1%でも勝つ確率が高いのはどちらか」を洞察できるかが勝敗の分かれ目だ。**

あなたは投資家ではないかもしれないが、仕事上の判断をする際に直感や運に頼り切ってはいないだろうか。

直感や運に頼っていては、いつまで経ってもうだつの上がらない人生のままだ。

**数字の勝負では、必ず1%でも有利なほうを選択する癖をつけることだ。**

判断を誤った時に悔しくて堪らないなら、あなたが成長している証拠だ。

ポイント
**投資の世界では直感や運に頼らず、確率で判断すると成功に近づける**

# 77

# 教養のある人には、上品なお客様が集まってくる。

あなたが会社勤めであれ、自営業であれ、

上品なお客様を相手にするに越したことはないだろう。

上品なお客様は怒鳴ったりしないし、お金の支払いもキッチリしている。

だから必然的にあなたも上品になって、豊かになるというわけだ。

これに対して下品なお客様を相手にしていると、あなたまで下品になりやすい。

**下品なお客様はすぐに怒鳴るし、お金の支払いもだらしない。**

**そういう連中を相手にしていると、気がつけばあなたも同類になっている。**

では、どうすれば上品なお客様を相手にできるか。

それはあなたが上品になることである。

上品になるということは、

派手な化粧をすることでもなければ、奇抜な服装をすることでもない。

あなたが教養を身につけることだ。
本をたくさん読んで教養のある人と会話して語彙力を増やしておくと、
必然的に相手を褒めることができるようになる。
これが下品な人になると、相手を貶すために発想する癖がついてしまう。
「バカ」「アホ」「マヌケ」くらいしか語彙力を必要としないので、
あなたは無教養になる一方だ。
いくらあなたが豊富な語彙力で相手のことを褒めても、
相手が筋金入りの無教養だったら通用しないし、むしろ嫌われるだろう。
その場合、相手は話が合わずいつの間にか去って行くため、ちょうどいいのだ。
**下品なお客様には、飛び切り上品な対応をすることで絶縁できるというわけだ。**

**ポイント**

**豊富な語彙力を駆使し、下品なお客様とは絶縁する**

# 78

# 教養のある会社は、寿命が長い。

私が元経営コンサルタントだったと聞くと、必ずこんな質問をしてくる人がいる。
「どんな会社の寿命が長いですか？」
「倒産しない会社の特徴はありますか？」
けれども会社の事情とは本当に千差万別であり、
「あんなに立派な会社がなぜ倒産してしまったのか？」と驚くこともあれば、
「どうしてあんな会社がまだ倒産せずに残っていられるのか？」と驚くこともある。
どちらも私が経験した実話だ。
現に、私が1次情報として知っているある会社は、
どの角度から見てもとっくに倒産していなければおかしいのに、
先日ふと思い出してインターネットで検索したところ、何とまだ健在だった。
まあ、こういう例外的な存在には必ず裏話や秘話が隠されているのだが、

ここでそれを語るつもりはない。

概して教養のある会社は寿命が長く、無教養な会社の寿命は短い傾向にある。

**組織はトップで決まる、というのはよく聞く話だが、要は、社長が勉強熱心な会社は概して寿命が長いということだ。**

これは中小企業だろうが大企業だろうが、会社の規模は関係ない。

**よく本を読んで勉強している社長は会社を存続させる傾向があるのに対して、本嫌いで頑固な社長は悲惨な結末を迎える傾向がある。**

これは、本を読む社長の全員が会社を存続させるという話ではなく、会社を存続させる社長には、どう贔屓目に見ても本好きが多かったということだ。

会社経営をしていると、たいてい5年に一度は「ヤバい！」と思う瞬間があるが、「ヤバい！」を次々に乗り切っていく知恵の元となるものが、これまで読書で培ってきた教養なのだろう。

**ポイント**
**読書で得た知恵を活かし、一生の危機を乗り越える**

79

# お釣りの渡し方に、教養がにじみ出る。

お釣りは必ず、両手で渡すのが常識だ。
これをわかっていてあえて崩すのと、無知なためにやらないのではまるで違う。
たとえば同じコンビニでも、店員がお釣りを両手で渡す店と、
片手で渡す店とでは客層が違う。
まともな人間は、片手でお釣りを渡す相手とは取引しない。
コンビニで何かを買うという行為は、そこにお金が発生する以上、立派な取引だ。
**教養のある人間は、店員に片手でお釣りを渡されたらすぐに店長の顔を思い浮かべ、**
**「無教養な店長にしてこの店員なのだな」とウンザリするものだ。**
だから、交差点で似たような位置にコンビニが複数あっても、
必ず流行っている店とそうでない店がくっきりと分かれるのだ。
流行っていない店は、たいてい数か月で店仕舞いする。

資本主義の下では、それはひたすら正しく美しい現象なのだ。

以上はコンビニに限らない。

**ラーメン店でも、理容室でも、歯科医でも、直接お金をやり取りする仕事では**
**どれだけお釣りの渡し方に注意しても、注意し足りないことはない。**

お釣りの渡し方が三流だと、三流のお客様が集まってくる。

お釣りの渡し方が二流だと、二流のお客様が集まってくる。

お釣りの渡し方が一流だと、一流のお客様が集まってくる。

三流のお客様は無教養で鈍感だから、三流のサービスでも許せるのだ。

二流のお客様は二流レベルの教養だから、二流のサービスでも許せるのだ。

一流のお客様は一流レベルの教養だから、一流のサービス以外は取引しないのだ。

ビジネスで客層を上げたければ、とりあえずお釣りの渡し方だけでも一流にすることだ。

ポイント

**お釣りは両手で渡して、お店の格を上げる**

# お見送りの仕方に、教養がにじみ出る。

ここ最近、接客サービスに力を入れているクリニックも増えてきたが、
それでもやっぱり「まだまだだなぁ…」とガックリするのが、
お見送りのレベルの低さだ。
せっかく出口までスタッフがお見送りしていると思ったのに、
すぐに引っ込んでしまうのだ。
患者様が必ず振り返るものとは限らないが、何かの拍子にふと振り返り、
引っ込む様子を目撃しようものなら、「あらら…」と失笑を買ってしまうだろう。
**これまでどんなに頑張って最高の笑顔でサービスしてみても、**
**残念ながら、別れ際の悪さで三流だと思われるのだ。**
これはクリニックに限らず、エレベーターの前でお見送りする場合も同じだ。
三流は、エレベーターがまだ完全に閉じていないのに、

お辞儀していた頭を上げてその場から消える。
これだと一流のお客様からは100％、「あらら…」とあきれられる。
二流はエレベーターが完全に閉じてから、
お辞儀をしていた頭を上げてその場から消える。
これだと何かの拍子にエレベーターの扉が再び開いた時に、
一流のお客様をがっかりさせる。
**一流はエレベーターが完全に閉じてから、**
**お客様の乗ったエレベーターの移動音を確認するまで、お辞儀の頭を下げ続ける。**
だから、うっかり一度閉じたエレベーターが開いてしまっても、
まだ頭を下げ続けている姿がそこにあるというわけだ。
「そんな大袈裟な…」と嘲笑う人は、残念ながら一流への道は遠いと考えていい。
一流の組織では、こんなことは常識中の常識なのだ。

ポイント
**お客様が完全に去るまで、誠意を持って頭を下げ続ける**

富を継続させるのは、
あなたの**教養**だ。

# CHAPTER 9

# 恋愛と教養

# 81

# 綺麗事を抜きにすると、男女間には明確なランキングがある。

いきなり人生の核心に触れてしまうが、人間には明確なランクが存在する。
そもそも、ランクの違う男女は出逢う確率が低く、
仮に出逢ったとしてもすれ違いで終わる。
格下と判断した相手には無関心だから、記憶にも残らない。
**たとえばランクの低い男性がランクの高い女性に愛を告白した場合、**
**女性の心の中では一瞬で答えが出てしまう。**
迷っているように見えたとしても、答えは明らかに「Ｎｏ！」だ。
実際は「どうやって傷つけないように断ろうか」と考えている姿であり、
決して、愛を受け入れるかどうかを迷っているわけではないのだ。
この際ハッキリと言っておくが、
**ランクの低い男性がランクの高い女性を口説き落とすことはできない。**

もしも口説き落とせたのなら、相手の女性も実は同じようなランクであり、お互いに釣り合いが取れていたというだけの話だ。

これとは反対に、ランクの低い女性がランクの高い男性に愛を告白した場合、男性が心の中で何を考えているのかはハッキリとわかる。

その女性とまともに交際するつもりは毛頭ないが、容姿が自分のタイプなら、一夜限りの関係も悪くないと考えているのだ。

それを実行に移すかどうかは、その男性によるが。

**いずれにせよ、ランクの低い女性が本当の意味で恋愛の対象になることはない。**

何やらとても残酷な話をしているようだが、本気で人生を変えたければ、現実を直視することがすべてのスタートだ。

本書で何度も繰り返してきたように、男女ともランキングの決定打は「教養」なのだ。

生まれつき備わった格差は、圧倒的な教養で超える以外に道はないのだ。

**人間の格差ランキングは、知性で組み替える**

82

# 恋愛の圏外にいる人は、勇気を持ってまずその現実を受容すること。

男女ともに「恋人いない歴＝年齢」という人がいる。

これは統計上の数値よりも、実際はもっと多いと私は考えている。

**30代や40代になっても明らかに童貞や処女だとわかる人々の共通点は、やはりルックスが冴えないということだ。**

恋愛の圏外にいる人は、勇気を持ってまずその事実を受容することだ。

恋愛の圏内に入るための工夫をすることも、立派な教養だと思う。

たとえば男女ともに不潔に見える人はやっぱりモテないし、教養があるとは言えない。

きちんと毎日入浴するのはもちろんのこと、
清潔な髪型や、服装をすることは必要不可欠だと思う。

それだけではなく、明らかに太り過ぎとか痩せ過ぎというのも嫌悪感を抱かれる。

太り過ぎや痩せ過ぎの人には肌も荒れている人が多いから、食事内容に気を遣いながら規則正しい生活をすることが大切だ。

以上に加え、

**「ちょっとお洒落な髪型」「ちょっとお洒落なメガネ」「ちょっとお洒落な服装」に挑戦してみるだけで、確実に恋愛の圏内にエントリーできるはずだ。**

あとはあなたが得意な分野だとか興味のある分野で人が集う場所に積極的に出かけることだ。

もちろん、明らかに恋愛の対象外といった年齢層ではなく、自分が恋愛の対象として見ることができる異性がいることが条件だ。

こうして見てくると、恋愛の圏外にいる人が圏内に入るためには知恵と努力が必要だ。

知恵と努力とは、即ち（すなわ）教養のことである。

ポイント

**思い悩むだけでなく、知恵と勇気を持ってアクションを起こす**

# 83

# 人類は、ルックスだけでは愛が続かないようになっている。

誰もが憧れるハリウッドスターのカップルとまではいかなくても、
あなたの周囲にも「これは遺伝子レベルでものが違う！」と認めざるを得ない
美人とイケメンのカップルがいるだろう。
意外なことに、それら憧れのカップルがごく短期間で破局するのは珍しくない。
理由は明白で、人類はルックスだけでは愛が続かないようになっているからだ。
**もし、美人とイケメンのカップルが長続きしているとすれば、**
**間違いなくそれは、ルックス以外の魅力に惚れ合っているということだ。**
もう少し突っ込んであなたには考えてもらいたいのだが、
美人やイケメンは、相手にそれほどのルックスを求めない人が意外に多い、
ということに気づかされないだろうか。
たとえば美人の交際相手の男性は、どこか冴えないルックスだというように。

あるいはイケメンの交際相手の女性は、どこか冴えないルックスだというように。

いずれもルックスが冴えない相手に、美人やイケメンがベタ惚れしているはずだ。

**美人やイケメンは、すでにルックスを神から授かっている〝選ばれし者〟だから、ルックスにそれほど興味はなく、交際相手にそれを強く求めない。**

一方、彼ら彼女らが教養ある異性に惹かれる理由とは、それが優秀な子孫を残すための、本能のなせるワザだからだ。

それが人類における自然の摂理なのだ。

反対に、ルックスを獲得できなかったことにコンプレックスを抱く人間は、常軌を逸するほど相手にルックスを要求し、周囲にも嫌悪感を抱かせるほどだ。

いずれにせよ、ルックスに恵まれた相手を落としたければ教養を磨くしかない。

少なくともルックスが冴えない者同士で群がって、美人やイケメンの噂話をしている間は、永遠に幸せが訪れることはないだろう。

ポイント

**知性があれば、ルックスのいい異性を虜(とりこ)にできる**

# 84

## 美人でも無教養だと、本物のいい男には相手にされない。

「女子力」を磨くことと男性にモテることはまったく別物であるということが、そろそろ世の中に浸透してきた。

**男性は「女子力」を磨いている〝自分大好き女〟ではなく、黙って一緒にいるだけで心底リラックスできて深い愛情で包み込んでくれる、母親代わりの女性を求めている。**

正直に口に出すかどうかは別として、これが世の中の圧倒的多数の男性の本音だ。

どれだけ外見を美しく飾っていても、疲れている男性に向かってマシンガントークをしてくる女性や、母性を微塵も感じられない女性には愛想を尽かす。

たとえば「女子力」の指標の1つとして、ご自慢のド派手なネイル仕上げがある。

ほとんどの男性がネイルには興味がないという現実をご存知だろうか。

少なくとも、女性が考えているほどには男性は評価していない。
現実に私は完璧なネイル仕上げの女性よりも、
素の状態で美しく健康的な爪の持ち主の女性に惹かれる。
出版業界では女性比率が高いこともあり、私の書斎を訪れるのも約半数が女性だ。
取材やインタビューをする際にも女性がやってくることが多く、
多数の女性の爪を拝見する機会に恵まれている。
**率直に申し上げてド派手なネイル仕上げの女性よりも、**
**ネイル仕上げでない、ナチュラルで健康的な爪を持つ女性のほうが、**
**明らかに仕事はできるし、教養もある。**
ちなみに健康的な爪の持ち主の女性の指先が少し荒れていれば、
「洗い物や仕事を頑張っているのだろうな」と想像してうっとりする。
女性の外見は1次予選に過ぎず、予選の通過後は、やはり中身が問われるのだ。

**ポイント**

**真の知性とは、健康的な生活習慣によって創られる**

# 85

# いつも一夜限りの関係で終わる人の共通点は、男女ともに頭が悪いこと。

「いつも一夜限りの関係で終わってしまう」
「いつもごく短期間で別れが訪れて、交際が長続きしたことがない」
自称〝モテる人〟たちからよく届けられる悩みごとだ。
結論から言ってしまうと、
いつも一夜限りの関係で終わってしまう人はモテているのではない。
単に性欲処理の相手として、便利屋さんとして利用されているだけだ。
**どうしていつも一夜限りの関係で終わってしまうのか？**
**それは男女問わず、容姿だけをもてあそばれているからである。**
もう少しストレートに表現すると、頭が悪いから一夜限りで見切りをつけられるのだ。
**一夜限りで関係を終わらせないためには、相手に愚かだと思われないことが大切だ。**
**そのためにはしかるべき教養を身につけて、**

**あなたがなめられないような存在になる以外、本質的な解決方法はない。**

教養を身につければ、ふらふらと軽い相手についていかなくなる。
教養を身につければ、一夜限りの関係で終わらせるような連中が集う場には
いっさい足を運ばなくなる。
教養を身につけると無教養な異性に敬遠されるから、もてあそばれる心配もなくなる。
「それって、私のことじゃないかな？」とドキッとした人は、
まだ見込みがあるから大丈夫だ。
教養を身につける第一歩は、まず危機感を抱くことから始まるからだ。
これまでいつも一夜限りの関係で終わっていて、
そんな人生をきっぱり終わらせようと本気で思った人は、
映画『マイ・フェア・レディ』と『プリティ・ウーマン』を鑑賞しておこう。
教養の大切さが、あなたの全身に沁み渡ることをお約束する。

ポイント

**なめられない、強い存在へと変わる決意をする**

# 86

# セックスに、教養が出る。

「セックスになるといつも相手が豹変してしまいます！」

こんな相談を受けたことがあるが、私は最初、のろけているのかと思っていた。

ところがこの話を別の女性にしたところ、決してのろけているのではないらしい。

自分勝手なセックスをされたり、ＡＶの真似をしたがったり、

暴力的なセックスを強要されたりというふうに、

パートナーとのセックスで悩んでいる人は本当に多いのだ。

それを聞いて私は、セックスでウンザリするような豹変を遂げる人が

男性ばかりではなく女性にもいるということを、直接的、間接的に思い出した。

セックスというのは、極めて本能的な行為だ。

**セックスの前後で起こる変化は、アルコールを飲む前後と似ている。**

**ビフォーで大人しい人は、たいていの場合アフターで激しくなりやすい。**

たとえばビフォーでいつも鬱憤が溜まっている状態の人が、
アフターでは弾けて暴力的になったりするものだ。
反対にビフォーで明るく元気に振る舞っていた人が、
アフターでは急に、泣き上戸(じょうご)になってしまったりするものだ。
セックスもこれと同じだ。
ビフォーで虐(しいた)げられている人が、
アフターでは相手を従えたくなる衝動に駆られて激しくなるものだ。
ビフォーで重責を担っている社会的地位の高い人が、
アフターではＳＭクラブで鞭(むち)を打たれ、ロウソクを垂らされて快感を得るものだ。
あなたもすでにお気づきのように、セックスもアルコールもビフォーの状態ではなく、
アフターの状態こそが本来のその人の姿なのだ。

**セックスの最中が素敵だということは、その人は本当に素敵な人だということだ。**

**素敵なセックスをプレゼントできる人になる**

# 87

# いい女には、いい女特有の匂いがある。

ある年齢を過ぎた男性の誰もが気づいている事実がある。

それは、いい女には、いい女特有の匂いがあるということだ。

匂いというものは、とても大切だ。

人間の記憶と最も深くつながっており、いい匂いは深く記憶することができる。

脳で嗅覚を感じる部分は、記憶を司る(つかさど)部位である海馬(かいば)と極めて近いのだ。

いい匂いで記憶に残りやすいということは、
それだけ自分にとって本能的に必要な存在だという証拠である。

男性は女性をハグした際に、髪の匂いを含め、その女性独自の匂いを嗅ぎ分けるものだ。

自分の遺伝子がその匂いを求めている相手は、好きになりやすいというわけだ。

自分の遺伝子がその匂いを求めていない相手は、好きになれないというわけだ。

ここで女性に、注意してもらいたいことがある。

男性に体臭で嫌われないようにと気を遣い、香水をかけ過ぎてしまうことだ。
**香水をかけ過ぎてしまうと、本来の匂いが消えてしまう。**
**それだけではなく、香水のかけ過ぎは無教養の証として、**
**いい男には絶対、必ず、１００％の確率で別れの決定打にされる。**
香水の正しいかけ方は、一度だけさっと宙に吹きかけて、
自分の体をその霧の中に入れるのだ。
するとほんのわずかな香りが、あなた本来の匂いと絶妙にマッチするだろう。
こういうことも、映画を鑑賞していれば自然に身についてくる教養だ。
あなたもすでにお気づきのように、いい匂いも教養によって創られるのである。
いい女の匂いとは、教養の象徴なのだ。
**高級な香水をたっぷりかけるのは、最も無教養な女が陥りがちな誤りである。**

**ポイント**

**自分本来の匂いを大切にしつつ、香りの個性を上手に主張する**

# 88

## いい男には、いい男特有の匂いがある。

女性だけではなく、男性にも匂いがある。
これは女性に聞けば誰でも頷くが、
**女というのは惚れた男の匂いが好きになる生き物なのだ。**
惚れた男なら、汗の臭いすら愛しく感じるものだ。
だからと言ってもちろん、男性は不潔にしてもいいということにはならない。
不潔にしていれば、あなたに惚れていない多くの女性を敵に回すし、
同性からも嫌われるから仕事が途切れ、結局いい男になることはできない。
〝男臭い〟という表現もあるが、本当は男女の間にそれほど大きな体臭の差はない。
もちろん男性には男性特有の体臭はあるが、女性にだって女性特有の体臭はある。
放っておけば、体臭は女性のほうがきつくなる可能性もある。
では、現実にどうしてそうなっていないかと言えば、

それだけ女性は自分の体臭に対して敏感であり、気をつけて対策を講じているからなのだ。

男性は自分の体臭に無頓着（むとんちゃく）な人間が多く、体臭対策を怠っていることが多い。

だから〝男臭い〟とか〝オヤジ臭い〟と言われてしまうのだ。

すでに〝加齢臭〟というのも浸透してきたが、男性はキッチリと対策すべきだ。

毎日入浴するのは当たり前として、
出かける前や汗をかいたあとには「汗拭きシート」でまめに拭いておくことだ。

特に顔のTゾーンや首筋、耳の裏などは念入りに拭いておく必要がある。

体の外からの処置ばかりではなく、

「柿渋エキス」「鉄クロロフィリン」などの服用も試してみる価値はある。

**日々清潔に、体臭対策もした上で自然に香る体臭は、きっと周囲に不快を与えない。**

男性の匂いも、どうやら教養の象徴のようだ。

**ポイント**

**匂いに敏感になり、周囲に配慮できる男になる**

# 89

# 「ウザい」「やべー」「マジ」という言葉を使った瞬間、〝下々〟が確定。

〝言霊(ことだま)〟と呼ばれるように、言葉とは生き物である。
英語は発音を聞けば、その人がどのくらいのランクの人間かがすぐにわかる。
つまり西欧社会では、その人の発音によって身分が完璧にバレてしまうのだ。
これは日本語であっても同じだ。
どんなに美しく着飾って、完璧なメイクをしていても、
「ウザい」「やべー」「マジ」と口から出た瞬間、下々の人間と確定だ。
「ここは日本だし、そんな大袈裟な…」
あなたはそう思うかもしれないが、それはとんでもない間違いだ。
**私はこれまでに3000人以上のエグゼクティブと対話をしてきたが、**
**彼らの多くは言葉遣いには滅法うるさく、**
**「ウザい」「やべー」「マジ」などと漏らそうものなら、永久追放間違いなしだった。**

こうして本を書くからには真実を公開しなければならないが、
由緒正しい大企業の社員たちは、やはり言葉遣いが綺麗である傾向が強かった。
一方、会社の規模やランクが下がるにつれて、
そこで働く社員たちの言葉遣いも一緒に下品になっていったものだ。
現在私が仕事をしている出版業界でも、これは例外ではない。
せっかく美人でいい大学を卒業していても、
「ウザい」「やベー」「マジ」という言葉が出てきた瞬間、
私はもう、その相手を女性と見ることはできない。
もちろんそれが男性であっても「この人は下々の人」という烙印を押す。
**下品な言葉が自然に出てくる人物は、**
**やっぱりそれが許されるレベルの環境で働いているということなのだ。**
言葉というのはその人の教養であり、その人の分身なのだ。

ポイント

**どんな時でも、誰とでも、綺麗な言葉遣いを心掛ける**

# 本を読む相手の横顔にひと目惚れしたら、それはあなたの本命だ。

あなたは異性のどんなしぐさを見たらキュンとくるだろうか。

女性は、男性が車を運転している際にふと見せた筋肉質の前腕（ぜんわん）を見た瞬間や、重い荷物をサッと運んでくれた瞬間にキュンとすることが多いと聞く。

男性は、女性が料理に没頭している後ろ姿や、これから何かに挑もうと、髪をまとめてうなじを見せた瞬間にキュンとすることが多いと聞く。

まあ、他にもたくさんキュンとする瞬間は人それぞれにあるだろうが、男性〝らしさ〟や女性〝らしさ〟を垣間見た瞬間、お互い惹かれ合うのだ。

だがそこいら中で、手当たり次第にキュンとしてばかりいては、いつまで経っても運命の人とは出逢えない。


**運命の人に出逢うためには、キュンとするべきベストのタイミングが存在する。**

特に本好きのあなたにはピタリと当てはまるであろう、その極意を公開しよう。
それは、本を読む横顔にキュンときたら、
その人があなたにとって運命の人だということだ。
**本を読む横顔というのは、その人の教養が露呈される。**
**本を読む横顔というのは、その人の人生の集大成なのだ。**
映画を鑑賞していると、登場人物の最初の出逢いが
偶然、本を読む相手の横顔を見かけた瞬間だという設定が多い。
もちろん、その時は恋をしていることに気づかない。
ところがその横顔が忘れられず、いつもどこか頭の片隅に引っかかっている。
そうこうしているうちに偶然、街で再会を果たしてストーリーが展開されるのだ。
これは映画の世界に限らず、現実でも頻繁に起こっている事実だと言える。
本を読む相手の横顔にひと目惚れしたら、それはあなたの本命だ。

ポイント
**本を読んでいる時の横顔に、その人の教養が顕（あらわ）れる**

顔で恋に落ち、
頭で愛が続く。

# CHAPTER 10

# 人生と教養

# 91

# 引退したスポーツ選手でやっていけるのは、頭脳を鍛えた人だけ。

ご存知のように、スポーツ選手の選手生命は概して短い。
ほとんどが30代までに現役を引退するし、かなり頑張ってもせいぜい40代までだ。
普通のサラリーマンなら、まさに「これから！」という時期にピークを迎える。
つまりスポーツ選手は現役時代よりも、
引退後にいかに生きるかが大切になってくるというわけだ。
あらゆるスポーツ選手を観察していると、
結局、引退後を幸せに過ごしているのは頭脳を鍛えた人だけだとわかる。
これまで私自身、スポーツに打ち込んできたし、
プロスポーツ選手を輩出する組織の傍(かたわ)らで
10年以上、仕事を手伝わせてもらったこともある。
それらの経験を通じ、直接的にも間接的にも学ばされたことは、

**生まれつきの運動能力だけで活躍していた人は、引退後に悲惨な人生を歩んでいるケースが多いという事実だ。**

生まれつきの運動能力があっただけに、周囲からはチヤホヤされて、監督やコーチからも甘やかされてきた人間が多い。

だから、どこに行っても特別扱いされるのが当たり前と考えるようになる。

ところが、すでに現役で通用しない上、躾（しつけ）・マナーもできていないとなれば、率直に申し上げて市場価値はゼロどころか大幅にマイナスだ。

こうして堕落した人生を送る〝元スポーツエリート〟は数多いのだ。

**これに対して、現役時代から生まれつきの運動能力にもたれかかることなく、あくまでも頭脳で勝負してきた人間は、現役で通用しなくなっても頭脳で生きていくことができる。**

むしろ現役時代より引退後のほうが稼いでいる人もいるが、それは頭脳を鍛えた結果だ。

ポイント

**現状に甘んじず学習を重ねて、意欲的に進化を続ける**

# 92

# 座右(ざゆう)の銘(めい)は、不要。

「千田さんの座右の銘は何ですか？」

これまで取材・インタビューで何度となく受けた質問だ。

だが、私に座右の銘はない。

正確には「これだ！」と固定されるような座右の銘はない。

なぜならそんな窮屈な人生を歩むのは、まっぴらごめんだからである。

私にとって座右の銘とは、人生の節目でそのたびに自然に出てくるメッセージだ。

今回のメッセージはこれだったが、前回はあれだったというように、

どれ1つとして固定されたメッセージはない。

これまでに読んだ本や出逢った人たちから感じ取ったメッセージが

頭の引き出しに入っていて、必要な場面で臨機応変に出てくるという感じだ。

**たとえば「急がば回れ」を座右の銘にしていたとしても、**

**今この瞬間、飛びつかなければならないことが人生には確実にある。その場合には「急がば回れ」という座右の銘を潔く捨てて、「善は急げ」に切り替えるべきである。**

もちろんこれは「急がば回れ」が使えないという意味ではなく、人生においては何事も臨機応変に対応することが大切だと言いたいのだ。

私の座右の銘はこれまで読んできたすべての本であり、これまで出逢ってきたすべての人々なのだ。

「座右の銘」と聞くと、自分の中に一本の軸が通っているようでカッコいいが、私の場合は一本の軸ではなく、大地に根付いた一本の大木があるだけだ。

その大木には無限の叡智(えいち)がビッシリと詰まっており、必要に応じて拝借しているのだ。

だから、固定された座右の銘なんて不要だと私は考えている。

**ポイント**

**叡智の大木から、臨機応変に果実をもぎ取る**

# 93

# 教養は役立つからではなく、純粋に幸せを感じるから身につけるのだ。

教養は直接的にも間接的にも役に立ち、人生の糧(かて)になることは疑いない。
だが我々は、人生に役立つために教養を身につけるのではない。
純粋に教養を身につけたほうが幸せを感じられるから、教養を身につけるのだ。
教養というのは身につけなければならない義務ではなく、
身につけたい人だけが身につけることができる権利なのだ。
「数学を習得すると論理的思考能力がついて年収も高くなる」という事実に触れたが、
だからと言って人はそのためだけに数学を勉強するわけではない。
**数学の勉強をすること、それ自体が楽しいから数学の勉強をするのだ。**
**数学の勉強をしても幸せを感じない人は、数学の勉強などしなくてもいいのだ。**
あるいは歴史を勉強して、話題が豊富になって商談の成約率が上がるとしても、
そのためだけに歴史の勉強をするのではない。

歴史の勉強をすること、それ自体が楽しいから歴史の勉強をするのだ。
歴史の勉強をしても幸せを感じない人は、歴史の勉強などしなくてもいいのだ。
これからあなたが何かを新しく学んで人生を豊かにしたいなら、
役に立ちそうな勉強をするのではなく、幸せを感じそうな勉強をすることだ。
**率直に申し上げて、「役に立ちそうな勉強」はつまらないものだ。**
**つまらない勉強は絶対に続かない。**
無理につまらない勉強を続けると、必ず心身に悪影響を及ぼす。
それは自然の摂理に背く行為をしている証拠だ。
幸せを感じる勉強は放っておいても続く。
勉強をすればするほどに幸せを感じるのだから、ますます勉強をするようになる。
その結果として、気がついたら教養が備わっているのだ。

**ポイント**

**幸せを感じる勉強に集中すれば、幸福と教養のレベルが上がっていく**

# 94

## 教養を身につけると、運気が上がる。

書店の売り場の棚に、運を高めるための本が増えてきた。
それだけ社会に運を高めたい人が増えている証拠だ。
なぜなら書店は世論を非常によく反映した鏡だからである。
私もよく「運がいいですね」と言われるのだが、自分では意識していない。
だが、他人から何度もそう言われるため、「運がいいのだな」と納得してしまう。
改めて、運について冷静に考えてみよう。
運のいい人はずっと運が良くて、運の悪い人はずっと運が悪い。
運のいい人が珍しく不幸な目に遭ったかと思えば、それは幸運の始まりだったりする。
運の悪い人に珍しく幸運が訪れたかと思えば、それは悲劇の始まりだったりする。

**「運なんて個人の解釈の仕方だ」と綺麗にまとめたがる人もいるが、**
**それにしては、人の人生には格差があり過ぎると思わないだろうか。**

現実を直視すれば、運のいい人、悪い人は確実に存在すると認めざるを得ない。
きっとこれは、生まれつき備わった部分もあるのだと思う。
生まれつき備わった部分はもうコントロールしようがないから、
後天的な努力をもって、運気を高める現実的な努力をするべきだ。
後天的に運を良くしようと思うなら、教養を身につける以外に方法はない。
たとえば数学の確率統計の勉強をすれば、運気を高める補助にはなるだろう。
あるいは歴史書や小説を読めば、
人が運気を落とす時は、次のような共通パターンがあることに気づかされる。
**運気を落とすタイミングとは、自分より運のいい人の陰口を言ったり、**
**陰で足を引っ張ろうと裏工作をしたりした直後なのだ。**
教養を身につけるということは、自然の摂理を少しでも知るということなのだ。

**ポイント**

**運を良くしたいなら、自然の摂理を知って現実的な努力を続ける**

# 95 現状を打破したければ、学生時代に食わず嫌いだった本を読んでみる。

**人生を変えたければ、やることはたった1つである。**

**それは、納得できないことをやってみることだ。**

普通の人は納得できることしかやらないから、人生を変えることはできない。

自分の納得できることしかやらないのは、

これまでの自分の殻(から)に閉じ籠(こも)っていることと同じだから、人生は変わらない。

つまり現在の、うだつの上がらないままの人生で幕を閉じるのは必至だ。

納得できないことがあるということは、

自分の殻を破らなければ何も変わらないということだ。

**自分の殻を破るということは、これまでの自分の常識を打破するということだ。**

**現状を打破するには勇気が要るが、一度やってみると虜になるとお約束しよう。**

たとえば学生時代、食わず嫌いだった分野はないだろうか。

すでに触れたように、私の場合は高校時代まで、国語がその代表だった。

それが大学入学後、まったく偶然に自分の殻を破ることになったのだ。

ある日書店に漫画本を買いに行ったところ、目当ての本がまだ発売されていなかった。

そこで、せっかくだからと高校時代の自分なら絶対に読まないであろう本を手に取り、思い切ってページをめくってみた。

すると、全身に電流が走るほどに強烈な文章がそこには綴られており、衝撃のあまり気を失いそうになった。

それが『昨日までの自分に別れを告げる』（中谷彰宏著）だった。

この体験をきっかけに、ありとあらゆる種類の本を貪り読むようになり、私の大学時代は読書三昧の日々となった。

そのうちに今度は自分でも本を書いてみたくなり、著者を目指すようになったわけだ。

チャンスは、食わず嫌いの中に眠っているのだ。

**好奇心をもって、食わず嫌いの分野に挑戦する**

# 96

# ここだけの話、あなただけの名著を発掘したら人生は勝ちだ。

教養を身につけるのに不可欠なものは、やはり本なのだと私は思う。
どんな分野を学ぶにせよ、人に話を聞くだけではとても足りない。
本は自分のペースで何度でも味わうことができるし、
いつでもどこでも持ち運びが可能である。
だからこそ、これまで途切れることなく人類の歴史の中で本は生き続けてきたのだ。
**私はどんな分野でも、自分にピッタリの名著を見つけたら、**
**それでその分野は勝ったも同然だと思っている。**
たとえば、あなたが英会話の勉強を始めたとしよう。
インターネットで検索し、自分にとってベストと思える教材を入手して勉強しても、
最初はたいてい、ハズレをつかまされることが多い。
なぜなら、ネットに掲載されたレビューの多数決で一番いいとされたものが、

あなたにとってベストであるとは限らないからだ。
特に英語力は人によって差が大きく、ほとんどの人に「一般論」は当てはまらない。
教材が悪いというよりも、あなたの実力や性格との相性が悪い本だらけなのだ。
自分にとってドンピシャの教材に出逢うことができた人だけが、
スイスイと英会話力を伸ばしていくのだ。
以上は政治の勉強をしようが、経済の勉強をしようが、本質はまったく同じである。
政治の勉強をしようと思って、新聞さえ読みこなせない人が
良書とされる専門書を買い求めたところで、何も理解できずに挫折するのがオチだ。
経済の勉強をしようと思っても、円高と円安の違いを明確に説明できない人が
経済学の良書に挑戦してもチンプンカンプンだ。
**本当の良書とは、あなた自身が読むたびに頭が良くなることを実感できる本なのだ。**

ポイント

**背伸びをせず、本当に自分の実力に合った本を選ぶ**

# 97

## 人生の幅を広げたければ、東大とセンター試験の現代文を読む。

本書の読者にぜひおすすめしたいのが、人生の幅を広げるための読書である。
なぜ、人生の幅を広げたほうがいいのかと言えば、
あなたの才能に出逢う確率を飛躍的に上げることができるからだ。
すでに才能に出逢っている人がいたとしても、
人生の幅を広げることで、それをますます大きく開花させることができる。
**どんなに勉強したと思っていても、世の中には知らないことだらけだ。**
**世の中は知らないことだらけということを知ることが、勉強するということなのだ。**
試しに、東大とセンター試験の現代文に挑戦してみよう。
これらはあなたの人生の幅を広げるためにはもってこいの教材になる。
念のためお伝えしておくと、東大とセンター試験の現代文とでは、
問題文の難易度はほぼ同じだ。

前者は記述式であり後者はマークシート式だから、前者よりも後者が得点しやすいだけで、問題文の難易度自体に大差はない。

むしろセンター試験の現代文のほうが長文だから、読むのに時間がかかるくらいだ。

問題は確認のために解いてもらえばいいが、むしろあなたには、問題文そのものを味わってもらいたい。

**18歳や19歳の若者だけに、これら教養に満ちた名文集を独占させておくのはもったいないと思えるはずだ。**

別に受験勉強をしているわけではないのだから、休日にリラックスして思う存分時間をかけて読んでみることだ。

問題やその解説は読解の有力な補助になってくれるだろう。

そして何度も繰り返し読み込んだあとには、新しい教養の窓が開くに違いない。

ポイント

**休日はリラックスして名文に親しみ、人生の幅を広げる**

98

# 漱石の後期三部作と鷗外の『歴史其儘と歴史離れ』を読んで、自然の摂理を感じる。

私の本には〝自然の摂理〟という言葉がよく登場する。

このことは、読者にもよく指摘されてきた。

**自然の摂理というキーワードがどこからきたのかと過去を遡ってみると、私が大学時代によく読んだ夏目漱石と森鷗外にたどり着いた。**

両者ともわが国を代表する文豪だが、共通するキーワードが自然の摂理なのだ。

ご存知のように夏目漱石は『吾輩は猫である』や『坊ちゃん』であまりに有名だが、これらは彼がまだ心身ともに健康で勧善懲悪の思想を持つ余裕があった時代の作品だ。

ところが彼は晩年病を患い、伊豆の修善寺で吐血して生死をさまよう。

それを機に彼の文学は一変し、後期三部作と呼ばれる『彼岸過迄』『行人』『こころ』では勧善懲悪といった道徳論ではなく、人が自然に生じる感情や想いを描くようになる。

そして彼は「則天去私」という自然の摂理を重視した文学観・人生観を遺した。

彼の前期三部作『三四郎』『それから』『門』と後期三部作を読み比べると、その違いがより深く味わえるだろう。

一方、森鷗外は文学者であるばかりか東大医学部の出身で、軍医トップの官僚だ。

彼は精力的に現代小説を発表してきたが、明治天皇の崩御（ほうぎょ）とそれに伴う乃木希典（のぎまれすけ）の殉死を機に、歴史小説にシフトした。

彼の作品の1つに『歴史其儘と歴史離れ』という随筆がある。

この作品は史料をもとに執筆されているものの、鷗外は決して完璧な史実の再現など目指してはいなかった。

**この世には人知を超える何か自然の偉大な力が存在し、人の歴史はその偉大な力に動かされているのだと強く訴えている**。

自然の摂理とは、死を意識したり、物事の本質を考え抜いたりした結果、最後にたどり着く境地なのだろう。

**ポイント**

**読書で自然の摂理に想いを馳せ、真の人生観を育む**

99

# 「もうダメだ…」と思った時に支えてくれるのは、あなたの教養だ。

あなたはこれまでに「もうダメだ…」と思ったことはあるだろうか。
「もうダメだ…」と思ってそのまま行動に移して、死んでしまう人もいる。
「もうダメだ…」と思ってそのまま行動に移して、殺してしまう人もいる。
前者は「もうダメだ…」のエネルギーを内に向けた究極の結果であり、
後者は「もうダメだ…」のエネルギーを外に向けた究極の結果である。
「もうダメだ…」と思った時、あなたを支えてくれる存在はあるだろうか？
それがあればあなたは救われ、それがなければあなたの人生は地獄になる。
シンプルだが、それだけの話なのだ。
「もうダメだ…」と思った時にあなたの家族や親友、恋人が支えてくれることもある。
大切な人が支えてくれるのはとても心強い。
だが、最初のうちは人に頼っていてもいいが、

「もうダメだ…」がたび重なって深刻になってくると、
他人の力では支えきれなくなってくるというのが本音ではないだろうか。

**最終的に「もうダメだ…」を乗り越えていく時、自分自身しか頼る者はいないのだ。**

この厳しい現実を直視できた人は、すでに立派な教養人の仲間入りだ。

結局、人間とはどうしようもなく孤独な生き物だ。

独りで生まれて、独りで死んでいく。この点に関して人生に例外はないのだ。

**では、そんなどうしようもなく孤独な人生を、**
**あなたはどうやって生き抜けばいいのか？**

**そんな人生を生きるためには、あなたは教養を磨くしかないのだ。**

「もうダメだ…」と思った時にあなたを支えてくれるのは、
あなたがこれまでに読んだ本と出逢った人たちから得た生きる知恵であり、教養なのだ。

換言すれば、人生が孤独であることを受容するからこそ、人を大切にできるのだ。

ポイント

**教養は、人生の孤独を救ってくれる一筋の光**

# 100

## 無教養のまま100年生きるより、余命3か月でも教養を高め続ける人生を選ぶ。

死がいつ訪れるのかは誰にもわからない。

私にも、あなたにも、明日がやってくるかどうかは100%保証できない。

それが人生だ。

日々を生きていればそんなことは誰でも知っているし、頭では理解できている。

ところが、ごく身近な人や自分が大好きな有名人が急逝した時に、初めてリアルに死を意識するようになる。

「余命3か月」とは映画や小説の世界に限った話ではなく、いずれ本当に自分にも起こることだと気づかされる。

むしろ、余命3か月と告知された人のほうが、人生の終わりを知っている分だけ、一生懸命に生きることができるかもしれない。

**もし、あなたが余命３か月と告知されたとしたら、どんな人生を歩むだろうか？**

そんなことを考えたことがなかった人は、自暴自棄（じぼうじき）になってしまうかもしれない。

私が大学生の頃、余命３か月と告知されてから受験勉強に没頭した人がいた。

当時は「どうしてそんな無駄なことをするのだろう」と不思議でたまらなかった。

結局その人は、見事に一流大学の受験にパスをしてからこの世を去った。

今ならその人に対して「何て素敵な人生を生き抜いたのだろう」と、一点の曇りもなく敬意を表することができる。

**もし余命３か月と告知されたら、私も勉強をして教養を身につけたいと思う。**

**余命３か月と告知されていない今でも、私は同じテンションで勉強している。**

できれば長生きしたいとは思うが、無教養のままで１００年生きるより、余命３か月でも勉強する人生を私は選びたい。

きっとそれが自然の摂理に則っており、人が生きるということなのだから。

ポイント

**いつ死んでも悔いのないように、学び抜こう**

死ぬ直前まで学び続けるのが、
極上の人生である。

## 千田琢哉著作リスト

〈アイバス出版〉

『一生トップで駆け抜けつづけるために20代で身につけたい勉強の技法』

『一生イノベーションを起こしつづけるビジネスパーソンになるために20代で身につけたい読書の技法』

『1日に10冊の本を読み3日で1冊の本を書く ボクのインプット&アウトプット法』

『お金の9割は意欲とセンスだ』

〈あさ出版〉

『この悲惨な世の中でくじけないために20代で大切にしたい80のこと』

『30代で逆転する人、失速する人』

『君にはもうそんなことをしている時間は残されていない』

『あの人と一緒にいられる時間はもうそんなに長くない』

『印税で1億円稼ぐ』

『年収1,000万円に届く人、届かない人、超える人』

『いつだってマンガが人生の教科書だった』

〈朝日新聞出版〉

『仕事の答えは、すべて「童話」が教えてくれる。』

〈海竜社〉

『本音でシンプルに生きる！』

『誰よりもたくさん挑み、誰よりもたくさん負けろ！』

『一流の人生 − 人間性は仕事で磨け！』

〈学研プラス〉

『たった2分で凹みから立ち直る本』

『たった2分で、決断できる。』

『たった2分で、やる気を上げる本。』

『たった2分で、道は開ける。』

『たった2分で、自分を変える本。』

『たった2分で、自分を磨く。』

『たった2分で、夢を叶える本。』

『たった2分で、怒りを乗り越える本。』

『たった2分で、自信を手に入れる本。』

『私たちの人生の目的は終わりなき成長である』

『たった2分で、勇気を取り戻す本。』

『今日が、人生最後の日だったら。』

『たった2分で、自分を超える本。』

『現状を破壊するには、「ぬるま湯」を飛び出さなければならない。』

『人生の勝負は、朝で決まる。』

『集中力を磨くと、人生に何が起こるのか？』

『大切なことは、「好き嫌い」で決めろ！』

『20代で身につけるべき「本当の教養」を教えよう。』

〈KADOKAWA〉

『君の眠れる才能を呼び覚ます50の習慣』

『戦う君と読む33の言葉』

〈かんき出版〉

『死ぬまで仕事に困らないために20代で出逢っておきたい100の言葉』

『人生を最高に楽しむために20代で使ってはいけない100の言葉』

ＤＶＤ『20代につけておかなければいけない力』

『20代で群れから抜け出すために顰蹙を買っても口にしておきたい100の言葉』

『20代の心構えが奇跡を生む【CD付き】』

〈きこ書房〉

『20代で伸びる人、沈む人』

『伸びる30代は、20代の頃より叱られる』

『仕事で悩んでいるあなたへ 経営コンサルタントから50の回答』

〈技術評論社〉

『顧客が倍増する魔法のハガキ術』

〈KKベストセラーズ〉

『20代 仕事に躓いた時に読む本』

〈廣済堂出版〉

『はじめて部下ができたときに読む本』

『「今」を変えるためにできること』

『「特別な人」と出逢うために』

『「不自由」からの脱出』

（2016年12月現在）

〈ナナ・コーポレート・コミュニケーション〉

『15歳からはじめる成功哲学』

〈日本実業出版社〉

『「あなたから保険に入りたい」とお客様が殺到する保険代理店』

『社長！この「直言」が聴けますか？』

『こんなコンサルタントが会社をダメにする！』

『20代の勉強力で人生の伸びしろは決まる』

『人生で大切なことは、すべて「書店」で買える。』

『ギリギリまで動けない君の背中を押す言葉』

『あなたが落ちぶれたとき手を差しのべてくれる人は、友人ではない。』

〈日本文芸社〉

『何となく20代を過ごしてしまった人が30代で変わるための100の言葉』

〈ぱる出版〉

『学校で教わらなかった20代の辞書』

『教科書に載っていなかった20代の哲学』

『30代から輝きたい人が、20代で身につけておきたい「大人の流儀」』

『不器用でも愛される「自分ブランド」を磨く50の言葉』

『人生って、それに早く気づいた者勝ちなんだ！』

『挫折を乗り越えた人だけが口癖にする言葉』

『常識を破る勇気が道をひらく』

『読書をお金に換える技術』

『人生って、早く夢中になった者勝ちなんだ！』

『人生を愉快にする! 超・ロジカル思考』

『こんな大人になりたい！』

『器の大きい人は、人の見ていない時に真価を発揮する。』

〈PHP研究所〉

『「その他大勢のダメ社員」にならないために20代で知っておきたい100の言葉』

『もう一度会いたくなる人の仕事術』

『好きなことだけして生きていけ』

『お金と人を引き寄せる50の法則』

『人と比べないで生きていけ』

『たった1人との出逢いで人生が変わる人、10000人と出逢っても何も起きない人』

『友だちをつくるな』

『バカなのにできるやつ、賢いのにできないやつ』

『持たないヤツほど、成功する！』

『その他大勢から抜け出し、超一流になるために知っておくべきこと』

『図解「好きなこと」で夢をかなえる』

『仕事力をグーンと伸ばす20代の教科書』

〈藤田聖人〉

『学校は負けに行く場所。』

『偏差値30からの企画塾』

〈マネジメント社〉

『継続的に売れるセールスパーソンの行動特性88』

『存続社長と潰す社長』

『尊敬される保険代理店』

〈三笠書房〉

『「大学時代」自分のために絶対やっておきたいこと』

『人は、恋愛でこそ磨かれる』

『仕事は好かれた分だけ、お金になる。』

『1万人との対話でわかった 人生が変わる100の口ぐせ』

『30歳になるまでに、「いい人」をやめなさい！』

〈リベラル社〉

『人生の9割は出逢いで決まる』

『「すぐやる」力で差をつけろ』

# 千田琢哉著作リスト

〈廣済堂出版〉

『もし君が、そのことについて悩んでいるのなら』
『その「ひと言」は、言ってはいけない』
『稼ぐ男の身のまわり』
『「振り回されない」ための60の方法』

〈実務教育出版〉

『ヒツジで終わる習慣、ライオンに変わる決断』

〈秀和システム〉

『将来の希望ゼロでもチカラがみなぎってくる63の気づき』

〈新日本保険新聞社〉

『勝つ保険代理店は、ここが違う!』

〈すばる舎〉

『今から、ふたりで「5年後のキミ」について話をしよう。』
『「どうせ変われない」とあなたが思うのは、「ありのままの自分」を受け容れたくないからだ』

〈星海社〉

『「やめること」からはじめなさい』
『「あたりまえ」からはじめなさい』
『「デキるふり」からはじめなさい』

〈青春出版社〉

『リーダーになる前に20代でインストールしておきたい大切な70のこと』

〈総合法令出版〉

『20代のうちに知っておきたい お金のルール38』
『筋トレをする人は、なぜ、仕事で結果を出せるのか?』
『お金を稼ぐ人は、なぜ、筋トレをしているのか?』
『さあ、最高の旅に出かけよう』
『超一流は、なぜ、デスクがキレイなのか?』
『超一流は、なぜ、食事にこだわるのか?』
『超一流の謝り方』
『自分を変える 睡眠のルール』
『ムダの片づけ方』

〈ソフトバンク クリエイティブ〉

『人生でいちばん差がつく20代に気づいておきたいたった1つのこと』
『本物の自信を手に入れるシンプルな生き方を教えよう。』

〈ダイヤモンド社〉

『出世の教科書』

〈大和書房〉

『20代のうちに会っておくべき35人のひと』
『30代で頭角を現す69の習慣』
『孤独になれば、道は拓ける。』
『人生を変える時間術』
『やめた人から成功する。』

〈宝島社〉

『死ぬまで悔いのない生き方をする45の言葉』
【共著】『20代でやっておきたい50の習慣』
『結局、仕事は気くばり』
『仕事がつらい時 元気になれる100の言葉』
『本を読んだ人だけがどんな時代も生き抜くことができる』
『本を読んだ人だけがどんな時代も稼ぐことができる』
『1秒で差がつく仕事の心得』
『仕事で「もうダメだ!」と思ったら最後に読む本』

〈ディスカヴァー・トゥエンティワン〉

『転職1年目の仕事術』

〈徳間書店〉

『一度、手に入れたら一生モノの幸運をつかむ50の習慣』
『想いがかなう、話し方』
『君は、奇跡を起こす準備ができているか。』
『非常識な休日が、人生を決める。』

〈永岡書店〉

『就活で君を光らせる84の言葉』

**著者紹介**

**千田琢哉**（せんだ　たくや）

文筆家。

愛知県犬山市生まれ、岐阜県各務原市育ち。

東北大学教育学部教育学科卒。日系損害保険会社本部、大手経営コンサルティング会社勤務を経て独立。コンサルティング会社では多くの業種業界における大型プロジェクトのリーダーとして戦略策定からその実行支援に至るまで陣頭指揮を執る。のべ 3,300人のエグゼクティブと 10,000 人を超えるビジネスパーソンたちとの対話によって得た事実とそこで培った知恵を活かし、"タブーへの挑戦で、次代を創る" を自らのミッションとして執筆活動を行っている。

著書は本書で 135 冊目。

ホームページ：http://www.senda-takuya.com/

**20代で身につけるべき「本当の教養」を教えよう。**

2016年12月20日　第1刷発行
2017年 6 月15日　第6刷発行

著　者 —— 千田琢哉
発行人 —— 鈴木昌子
編集人 —— 吉岡　勇
編集長 —— 倉上　実
発行所 —— 株式会社 学研プラス
〒141-8415　東京都品川区西五反田2-11-8
印刷所 —— 中央精版印刷株式会社

〈この本に関するお問い合わせ先〉

【電話の場合】
●編集内容については TEL03-6431-1473（編集部直通）
●在庫・不良品（落丁・乱丁）については　TEL03-6431-1201（販売部直通）
【文書の場合】
〒141-8418　東京都品川区西五反田2-11-8
学研お客様センター　『20代で身につけるべき「本当の教養」を教えよう。』係
〈この本以外の学研商品に関するお問い合わせ先〉
TEL03-6431-1002（学研お客様センター）


学研の書籍・雑誌についての新刊情報、詳細情報は下記をご覧ください。
学研出版サイト　http://hon.gakken.jp/